EDUCACIÓN PRIMARIA 1.º - 2.º - 3.º

NIVEL / 1

ATENCIÓN - OBSERVACIÓN / 1

CARLOS YUSTE HERNANZ
Ilustraciones:
JUAN MIGUEL S. QUIROS

CEPE

CIENCIAS DE LA EDUCACIÓN PREESCOLAR Y ESPECIAL
GENERAL PARDIÑAS, 95 • 28006 MADRID
Teléfono: 91 562 65 24 / clientes@editorialcepe.es / www.editorialcepe.es

ATENCIÓN-OBSERVACIÓN/1

EDUCACIÓN PRIMARIA 1.º - 2.º - 3.º
NIVEL / 1

General Pardiñas, 95 -28006 MADRID
clientes@ editorialcepe.es
www.editorialcepe.es

Depósito Legal: M - 40187-2019
ISBN: 978-84-7869-016-9

Impreso en España - Printed in Spain
Por: Omagraf, S.L.

CIENCIAS DE LA EDUCACIÓN PREESCOLAR Y ESPECIAL
GENERAL PARDIÑAS, 95 • 28006 MADRID
Teléfono: 91 562 65 24 / clientes@editorialcepe.es / www.editorialcepe.es

ATENCIÓN - OBSERVACIÓN / 1

PERCEPCIÓN-ATENCIÓN

La percepción podríamos definirla como la captación inmediata (en tiempo y espacio: ahora y aquí) y de alguna manera estructurada, de la realidad.

La percepción se refiere a la entrada de datos de información, y se necesita la presencia actual de esos datos a través de los sentidos o canales de entrada, fundamentalmente el oído y la vista. Se diferencia de la sensación en cuanto que esta última no es más que la estimulación física de los sentidos. En cambio, la percepción capta por globalidades, con cierto nivel de estructuración, orden y sentido, esos estímulos. No se puede reducir la percepción a un cúmulo indefinido de estimulaciones sensoriales formada con elementos inconexos y sin relación dinámica de ningún tipo. La percepción es más bien un contexto formado por conjuntos de estímulos interrelacionados que obedecen a algunas leyes funcionales.

La percepción puede entenderse de una manera muy amplia como reestructuración de la realidad desde las experiencias previas del sujeto, siempre que se considere como un proceso automático, instantáneo, nunca como una elaboración posterior.

Siguiendo a Eleanor J. Gibson, el contacto con la realidad nos ofrece ingentes cantidades de información. Nuestra tarea perceptiva consiste en aislar de alguna manera una pequeña parte de esa información, seleccionar sus aspectos diferenciadores y características, de manera que nos permita discriminar unos objetos de otros, unos hechos de otros. Estos conjuntos de propiedades y relaciones serán las invariantes que nos permitirán reconocer esas realidades aun mezcladas con otros aspectos o informaciones.

Estas invariantes se forman por medio de tres procesos fundamentales:

(A) La abstracción.

(B) La filtración.

(C) Mecanismos periféricos de atención o alerta.

La abstracción permite elegir aspectos invariantes de la realidad. La filtración ignora otros aspectos irrelevantes, y los mecanismos periféricos de la atención inspeccionan aspectos parciales con mayor detenimiento o cuidado, durante bastante tiempo.

El niño de 6-7 años podemos considerarlo como capaz de controlar su atención de forma activa hacia aspectos que considere o que se le insinúe que son más relevantes. En este sentido motivan más su actividad mental los inputs «nuevos», aquellos que son «más bien complejos, pero no excesivamente», los «extraños» que no encajan bien en su experiencia previa. También se adapta con flexibilidad a las exigencias de muchas situaciones, es capaz de planificar una búsqueda con algún sistema y de mantener el foco de atención durante bastante tiempo sobre un tema.

SECUENCIAS DE EJERCICIOS

1. Discriminación de diferencias y semejanzas

(A) En dibujos significativos.

(B) En figuras geométricas (forma, color, tamaño, posición, cantidad, trama o fondo).

Encontrar diferencias y semejanzas en las cosas es la base para clasificarlas, buscar conceptos comunes, es decir para avanzar en la comprensión de la realidad.

2. Búsqueda de las 6 diferencias

Aunque es un ejercicio muy clásico, es interesante el esfuerzo de comparación y atención sostenida que exige para discriminar los pequeños detalles que a un dibujo le faltan.

3. Comparación y uso de signos = = > <

Estos ejercicios se integran también en los numéricos. Las cosas pueden diferenciarse también en el tamaño y esta variable puede servir de pauta para establecer comparaciones.

4. Dibujos orientados en diferente posición. Colocación de una clave

Pueden ser ejercicios perceptivo-espaciales, ya que se pide reconocer dibujos que cambian de posición.

5. Evaluación de errores

Es también uno de los ejercicios clásicos para medir la atención-observación, el aprender a detectar en un conjunto familiarmente significativo algún elemento extraño, que no encaja habitualmente con la disposición de los demás.

6. Completar figuras significativas

Podríamos considerarlo como el ejercicio complementario del anterior, ya que se trata de cerrar el significado de un conjunto, de un dibujo, de completarlo con algún elemento indispensable. Al mismo tiempo, es un ejercicio muy intelectual, porque no se trata únicamente de percibir alguna semejanza o diferencia, sino de completar un significado, un esquema que el niño normalmente debe tener ya en su memoria remota.

7. Unir dibujos siguiendo líneas entrecruzadas

La vista debe discriminar la dirección de una línea a pesar de los elementos distractores que suponen el que muchas de ellas se entrecrucen.

8. Figuras encubiertas

Se trata de diferenciar un fondo significativo entre otro fondo que podríamos llamar distractor o ruido. Enseña a discriminar en un conjunto de percepciones aquéllas que pueden ser más significativas.

9. Secuencias rítmicas

Aunque, por la naturaleza del material que se usa en el PROGRESINT, se trabaja algo la percepción auditiva, estos ejercicios pretenden que el niño sepa seguir algunos ritmos y tonos o intensidades coordinándolos con una actividad motriz sencilla.

10. Progresiva complementación de los detalles de un dibujo

Para captar detalles viso-perceptivos nada mejor como completar un dibujo. Son sencillos de realizar para la mayoría de niños de esta edad. Solamente se incluyen 3 ejercicios de este estilo en el presente cuaderno.

11. Discriminación de sílabas, palabras

Son parecidos a los clasificados en el grupo 4, pero aquí, el trabajar con letras tiene la finalidad de familiarizar con la orientación de muchas de las que los disléxicos suelen confundir, y con las sucesiones silábicas que más les cuestan. No se puede olvidar que en este nivel los niños están reforzando su aprendizaje de la lecto-escritura.

12. Reconocimiento dibujo-concepto

Son tres ejercicios sencillos en los que los niños deben identificar un dibujo con su expresión gráfica correspondiente, o reconocer que la palabra se refiere al concepto dibujado.

13. Colocar puntos en espacios gráficos delimitados

Como una forma diferente de descubrir figuras encubiertas, se pide que vayan colocándose puntos que cumplan un doble requisito: pertenecer a la vez al espacio interior de dos figuras superpuestas.

14. Reconocimiento de errores gramaticales en conceptos

Aunque no suele ser muy conveniente presentar palabras mal escritas o con errores, por la posibilidad de que se queden grabados en la memoria icónica del sujeto, también tiene un efecto terapéutico el hecho de reconocerlos.

15. Composición de un mosaico de figuras

Con un gran contenido de espacialidad, se trata de reconocer los perfiles de multitud de figuras, de manera que vayan encajando en el mosaico. Las figuras están muy poco o nada giradas con respecto a la posición que deben tener en el mosaico para no convertirlas en un ejercicio de «giro espacial imaginativo» de figuras.

16. Superposición de figuras

Es un ejercicio relativamente completo pero que entrena mucho la percepción, la discriminación de figuras simples dentro de otras más complejas, al enfocar la atención visual hacia aspectos parciales de un conjunto, y al efectuar conductas sumativas.

ALGUNAS NORMAS FUNDAMENTALES A TENER EN CUENTA

- En el manual-guía se encontrarán, mucho más explícitas, estas y otras normas del procedimiento a seguir con los programas del PROGRESINT.

- Los primeros ejercicios deberán hacerse más lentamente, asegurándose que los niños van asimilando los objetivos que se pretenden con cada tipo, en especial:

1.° **Estimular** una buena **coordinación viso-manual.** Atender a la vez a determinadas características del objeto y llevar a cabo una acción codificadora diferenciando esas características, ayudando a mejorar la coordinación entre percepción y acción motriz.

2.° Enseñar a **diferenciar** las cosas, atendiendo a algunas variables, aunque otras permanezcan idénticas. El manejo constante de objetos que varían solo en alguna característica, ayuda a manejar independientemente aspectos diferenciadores de los objetos.

3.° Enseñar a **obtener la información relevante** pedida, buscándola entre otra información distractora. Porque el pensamiento egocéntrico del niño tiende a centrarse en aspectos perceptivos llamativos, pero que le llevan a engaño en sus juicios. Por eso debe hacerse exigente en la observación y descripción de todas las propiedades del objeto.

4.° Ayudar a realizar tareas que requieren unos minutos de **concentración del foco de la atención** para ser resueltas adecuadamente.

- Se debe pretender más calidad que cantidad, no haciendo nunca más de dos ejercicios seguidos del mismo cuaderno.

- Es importante evaluar constantemente los productos de los niños, animándoles a mejorar, alabando aciertos, originalidades, o conduciendo errores e incertidumbres.

- En los ejercicios donde pone BONOS (15-25-35-45-55-65-75-85 y 93) hacer una valoración estimativa de los productos del niño, tanto de sus aciertos como de su esfuerzo, poniéndole una puntuación de 1 a 10, para que vaya trasladándola al final del cuaderno y rellene de diversos colores el dibujo de la página 95. Tener en cuenta que más que una evaluación objetiva se trata de estimular. No se debe abusar de las puntuaciones muy altas, pero tampoco de las muy bajas. Si la mayoría oscilan entre 5 y 8 puntos, es decir, va obteniendo un promedio de 6.5, al final acabará coloreando el dibujo completo y verá intuitivamente reflejado el esfuerzo acumulado al ir realizando los diversos ejercicios. Todos los niños que terminan el cuaderno deberían haber completado el dibujo, porque se trata de una recompensa a su esfuerzo y trabajo continuado.

NORMAS GENERALES PARA USO DEL MATERIAL DEL PROGRESINT

La mera realización por parte del niño de los ejercicios contemplados en los siete cuadernos, o de alguno de ellos en particular, no nos asegura el que se hayan realizado correctamente ni la captación de la información ofrecida, ni la elaboración de esos contenidos, ni de una producción adecuada. Por ello son necesarias algunas condiciones mínimas de ambientación por parte del guía para tener la confianza en alguna mejora de la inteligencia. Entre ellas están:

1. Correcta **explicación** de los fines que se persiguen en cada tipo de ejercicios, para que el niño sepa exactamente qué es lo que tiene que hacer cada vez.

2. Adecuado **clima de estimulación** para realizar los ejercicios, evitando el estímulo basado exclusivamente en premios o castigos, para lograr hacer la tarea estimulante en sí misma.

3. **Evaluación de los resultados,** haciendo ver errores, no para insistir en ellos, sino para estimular una mejor producción y un diálogo permanente.

4. Cierta **constancia y método** para evaluar en los ejercicios propuestos, evitando hacer demasiados en una sesión o saltarse caprichosamente los que se consideren menos interesantes. Al menos debería trabajarse en un cuaderno de ejercicios dos o tres veces a la semana en períodos de unos 30 minutos.

5. **Adecuado diálogo** del guía con el niño, de manera que una vez hecho el trabajo pueda recibir alguna orientación evaluadora que le insinúe posibles aplicaciones de los ejercicios hechos o que le haga reflexionar acerca del método seguido o le estimule ante alguna dificultad, le valore el esfuerzo realizado, etc.

6. **Asimilación** por parte del guía-tutor **de los objetivos** a medio y corto plazo de cada tipo de ejercicios, para poder ir comprobando si se van o no consiguiendo.

Estas condiciones mínimas son fácilmente asumibles por cualquier educador o guía, sean los profesores, el psicólogo, el pedagogo, o los mismos padres, por lo que no se necesita una formación especial para lograr un buen nivel de eficacia, sino más bien voluntad de querer hacerlo adecuadamente y dedicar un cierto tiempo y preocupación al tema, sin mezclar en él las propias tensiones, caso de haberlas. Una excesiva ansiedad a la hora de querer ver resultados inmediatos o una forma impulsiva de actuar con el niño desaconseja claramente el uso de estos ejercicios, al igual que casi toda intervención activa en procesos de aprendizaje que requieran tiempo y actuaciones a largo plazo.

De todas maneras será aconsejable que cuando el guía sea una persona no específicamente preparada pedagógicamente para asumir esta tarea, sea a su vez dirigido por un pedagogo o psicólogo.

- **Subraya en qué se parece y diferencia cada pareja de dibujos.**

Se parecen: forma - color - tamaño - posición - cantidad

Se diferencian: forma - color - tamaño - posición - cantidad

Se parecen: forma - color - tamaño - posición - cantidad

Se diferencian: forma - color - tamaño - posición - cantidad

Se parecen: forma - color - tamaño - posición - cantidad

Se diferencian: forma - color - tamaño - posición - cantidad

Se parecen: forma - color - tamaño - posición - cantidad

Se diferencian: forma - color - tamaño - posición - cantidad

- **Subraya en qué se parece y diferencia cada pareja de dibujos.**

Se parecen: forma - color - tamaño - posición - cantidad

Se diferencian: forma - color - tamaño - posición - cantidad

Se parecen: forma - color - tamaño - posición - cantidad

Se diferencian: forma - color - tamaño - posición - cantidad

Se parecen: forma - color - tamaño - posición - cantidad

Se diferencian: forma - color - tamaño - posición - cantidad

Se parecen: forma - color - tamaño - posición - cantidad

Se diferencian: forma - color - tamaño - posición - cantidad

- **Completa lo que se pregunta en las líneas punteadas acerca de cada grupo de dibujos.**

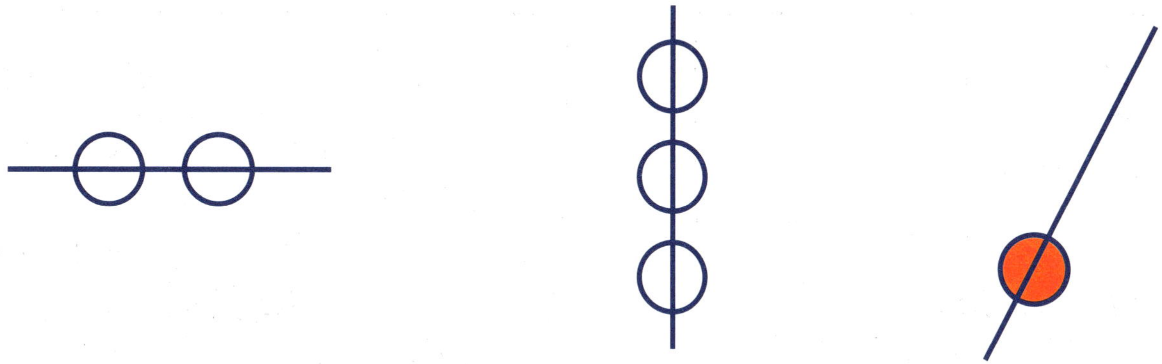

Se parecen: ....

....

....

Se diferencian: ....

....

....

Se parecen: ....

....

....

Se diferencian: ....

....

....

● **Al dibujo de la derecha le faltan 6 detalles. Búscalos y complétalos bien.**

- **Fíjate en los ejemplos y coloca en medio de cada pareja de dibujos el símbolo que le corresponde.**
  - Ejemplos.

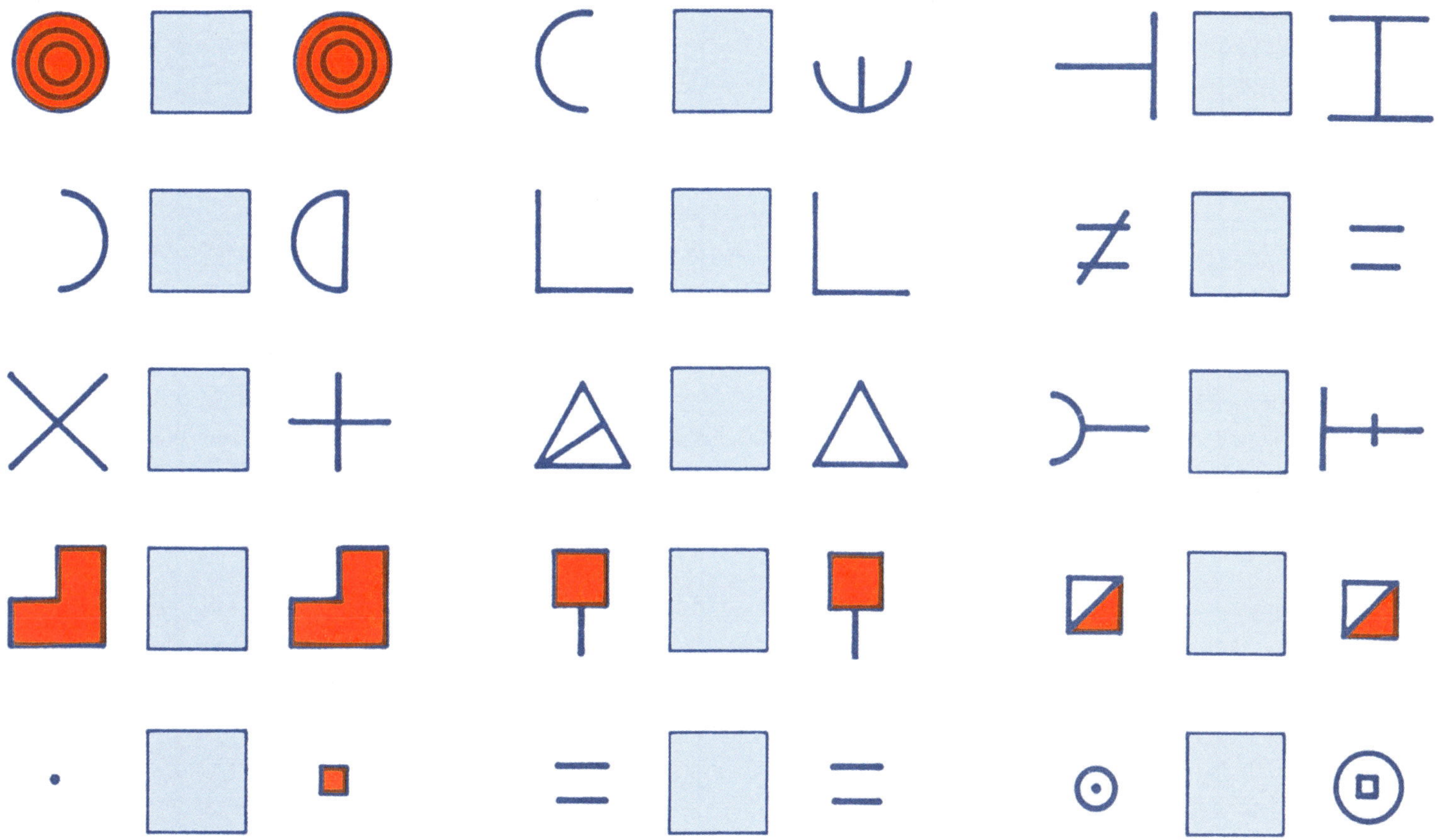

- **Fíjate en los ejemplos y coloca en medio de cada pareja de dibujos el símbolo que le corresponde.**
  - Ejemplos.

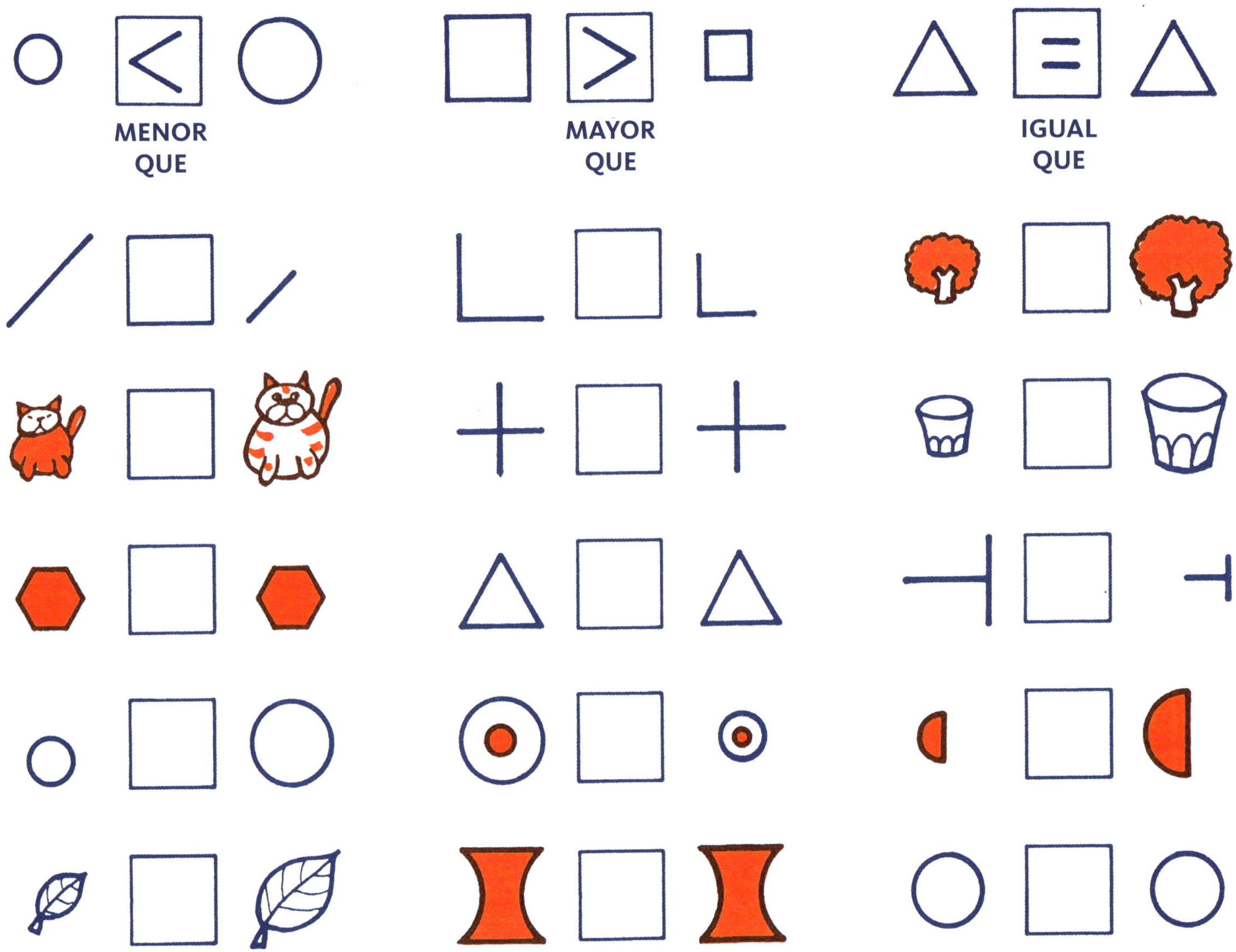

- **Pon debajo de cada dibujo de esta página el mismo número que tiene en la primera fila donde pone: MODELOS.**
  - Modelos

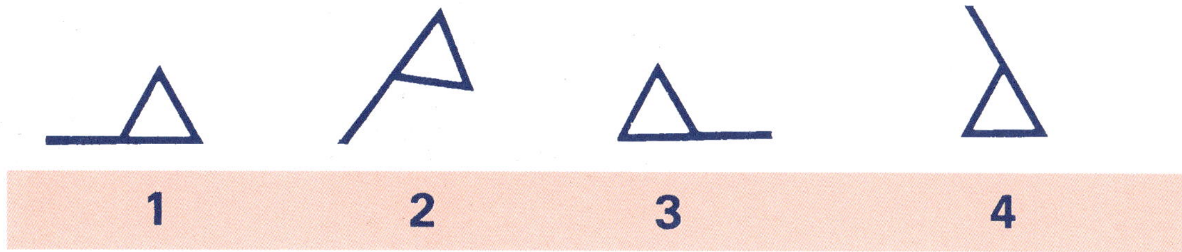

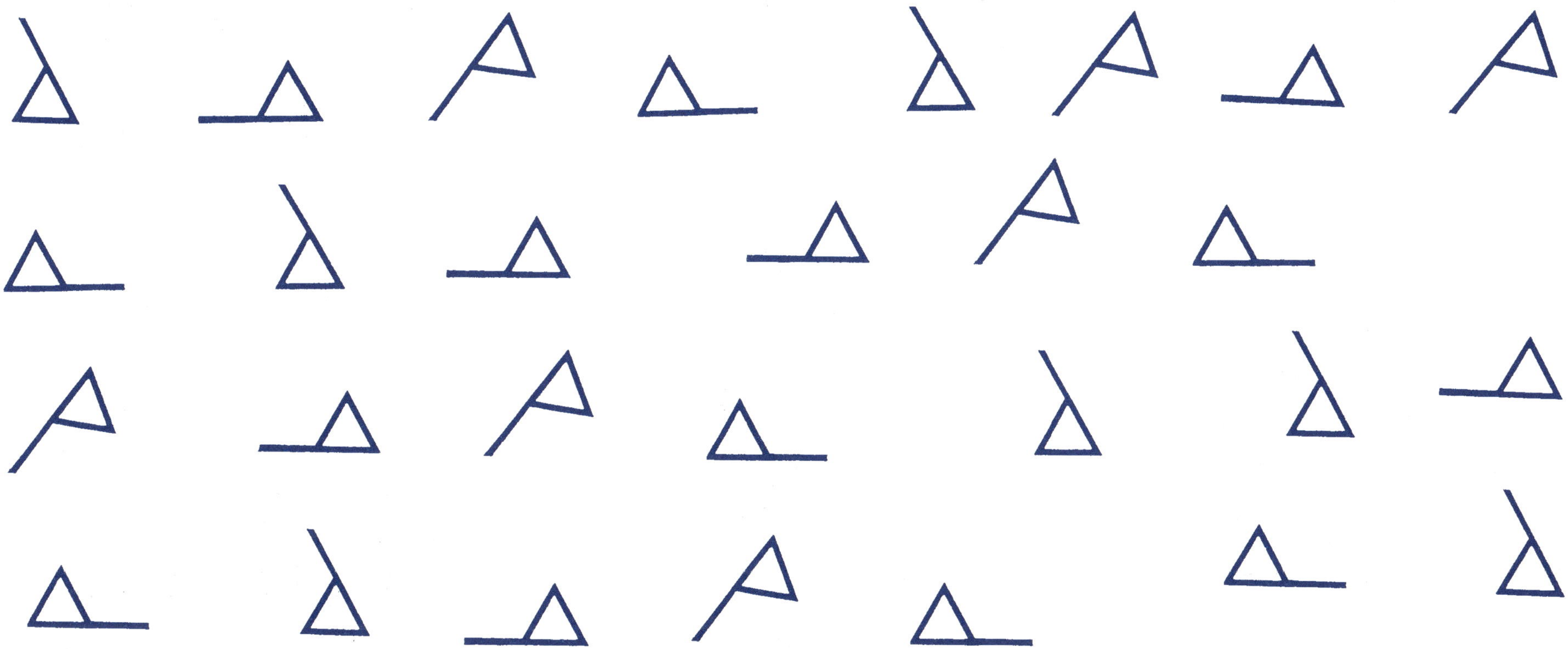

● **En cada dibujo hay algo que está mal, que es imposible. Rodéalo con un círculo, táchalo o pon lo que falta.**

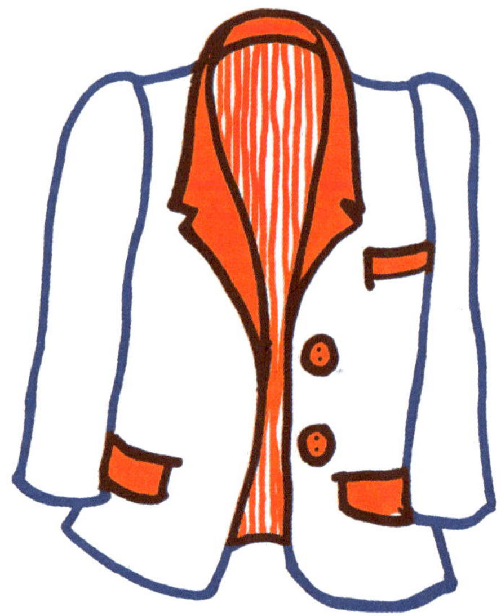

- **Escribe en qué se parecen y diferencian esas parejas de figuras (se parecen o diferencian por su forma - su color - su tamaño - su posición - su cantidad).**

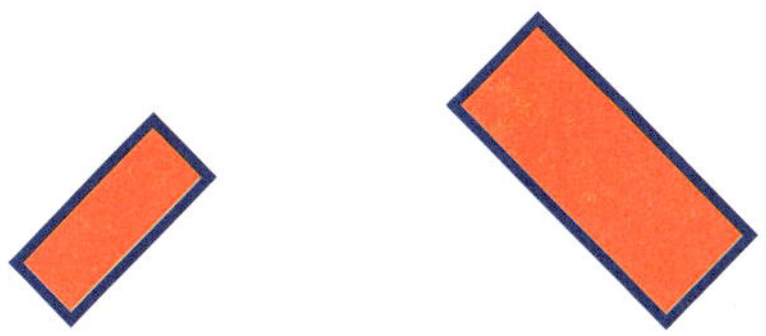

Se parecen: ....

....

Se diferencian: ....

....

....

Se parecen: ....

....

Se diferencian: ....

....

....

Se parecen: ....

....

Se diferencian: ....

....

....

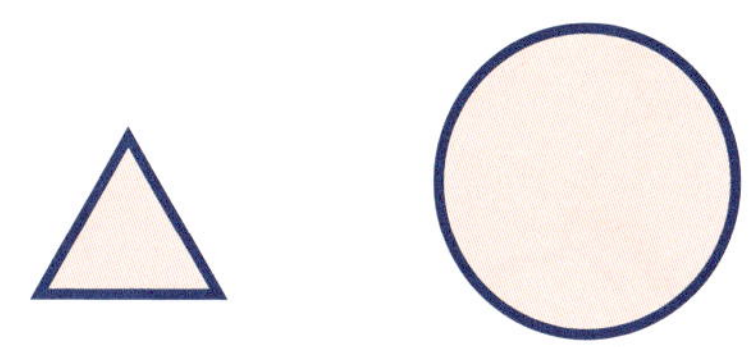

Se parecen: ....

....

Se diferencian: ....

....

....

- **Al dibujo de la derecha le faltan 6 detalles. Búscalos y complétalos bien.**

- Siguiendo con la vista cada línea, lleva cada letra a su sitio. Procura no seguir la línea con el dedo ni el lápiz, pues se trata de ejercitar tu vista.
- ¿Cuántos peces cogió el pescador?

- Descubre y colorea las 6 trompetas iguales.

- **Pon debajo de cada dibujo de estas páginas el mismo número que tiene en la primera fila donde pone: MODELOS.**
  - Modelos

1	2	3	4

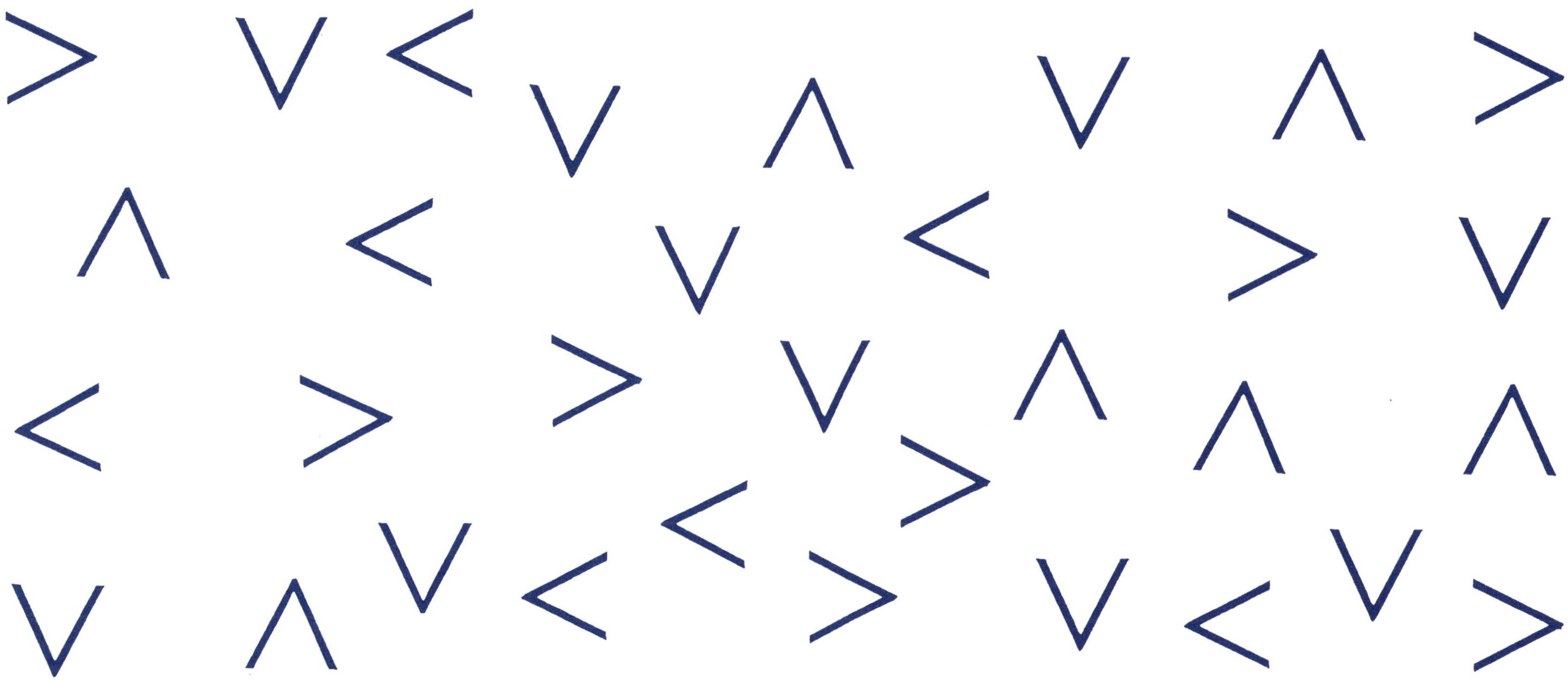

- **A ver cómo sigues estos ritmos: a cada sonido corto (pi), haces un punto, y a cada sonido largo (piii), una raya.**
- **Fíjate cómo realizo los sonidos para este ejemplo:**

● — ● ● — — ● ● — ● — ● ● ● — — —

1

2

3

4

5

6

* Estos ejercicios debe dictárselos otra persona que vaya haciendo diversas combinaciones de ritmos, según su criterio.

- Completa lo que le falta a esos dibujos para ser iguales que el primero.

- **Lee despacio, pronunciando bien esas sílabas o palabras, y luego rodea con un círculo en cada fila las que sean iguales que la primera o cuando las encuentres en una palabra.**
  – Ejemplo

PAR	→	PRA	RAP	PAR	APARTE	RAPIDO	PRADO
PLA	→	PLA	PAL	LAP	LAPA	PLANO	PALCO
DOR	→	DRO	DOR	ROD	CUADRO	RODAR	ALREDEDOR
DRO	→	DOR	ROD	DRO	PEDRO	TOCADOR	RODILLO
PLO	→	POL	PLO	OLP	POLVO	GOLPE	PLOMO
POL	→	POL	PLO	LOP	DESPLOMAR	ESCALOPE	INTERPOL

● **Cada dibujo tiene debajo una palabra que dice qué es. Es como si fueran los títulos de esos dibujos. Pero tres títulos están equivocados: rodéalos con un círculo y pon debajo su verdadero nombre.**

JIRAFA

ELEFANTE

TORO

LOBO

OSA

BALLENA

PEZ ESPADA

MARIPOSA

GUSANO

- **En este texto marca de la siguiente manera cuando veas:**

AL ⟶ (AL) LA o LAS ⟶ ~~LA~~ ~~LAS~~

EL ⟶ (EL) LE o LES ⟶ ~~LE~~ ~~LES~~

– Ejemplo:

~~Las~~ flores (del) jardín tenían (algunos) tallos cortados

JONÁS Y SALOME

Jonás y Salomé son hermanos y van al mismo colegio. Jonás es un rubiete simpático, de grandes ojos saltones, y siempre se le están ocurriendo cosas curiosas o está discutiendo con algún niño.

Por ejemplo, ayer mismo estaba cambiando cromos de una colección de animales con Alfredo. Alfredo es un poco tramposo y a la hora de repartir, a veces él echaba dos cromos en el sitio donde tenía los suyos y en el lado donde estaban los de Jonás sólo echaba uno. Pero cuando le tocó repartir a Jonás empezó a hacer lo mismo y algunas veces echaba en su lado tres cromos y en el de Alfredo uno sólo. Claro que acabaron discutiendo.

Salomé, la hermana de Jonás, es algo mayor que él, va a tercero y es una niña seriecita y tranquila la mayor parte de las veces. Le gusta mucho estudiar y dice que se lo pasa chupi en el colé.

- **Completa lo que les falta a esos dibujos.**

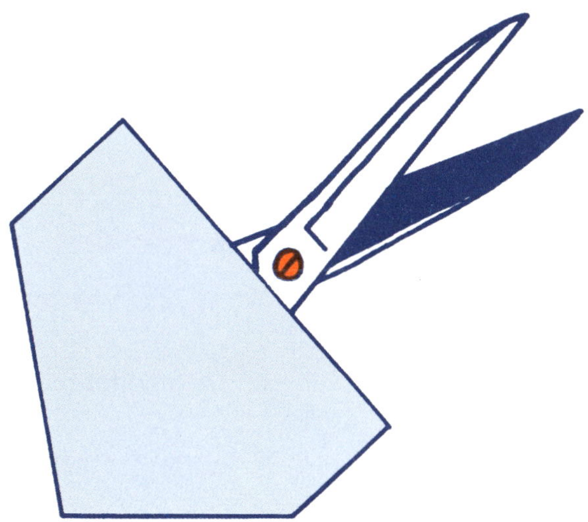

- **Completa lo que se pregunta en las líneas punteadas acerca de cada grupo de dibujos.**

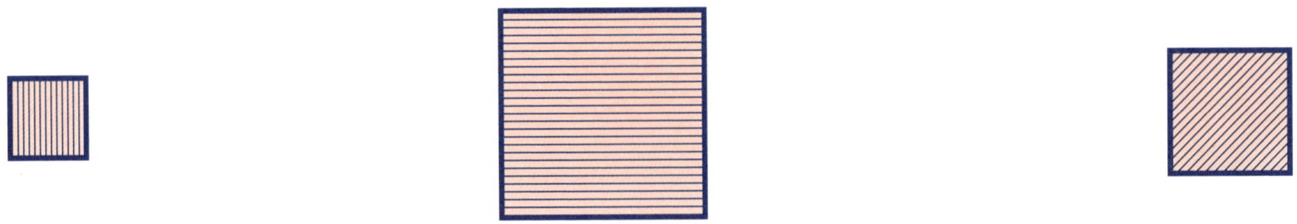

Se parecen: ....
....
....

Se diferencian: ....
....
....

Se parecen: ....
....
....

Se diferencian: ....
....
....

- **Completa lo que se pregunta en las líneas punteadas acerca de cada grupo de dibujos.**

Se parecen: ....

....

....

Se diferencian: ....

....

....

Se parecen: ....

....

....

Se diferencian: ....

....

....

- **Fíjate en los ejemplos y coloca en medio de cada pareja de dibujos el símbolo que le corresponde.**
  - Ejemplos.

- Pon puntos de manera que queden dentro de un triángulo y un círculo a la vez.

- Busca entre los trozos sueltos cada uno de los que forman ese mosaico o figura primera. Pon a cada trozo el número que le corresponde.

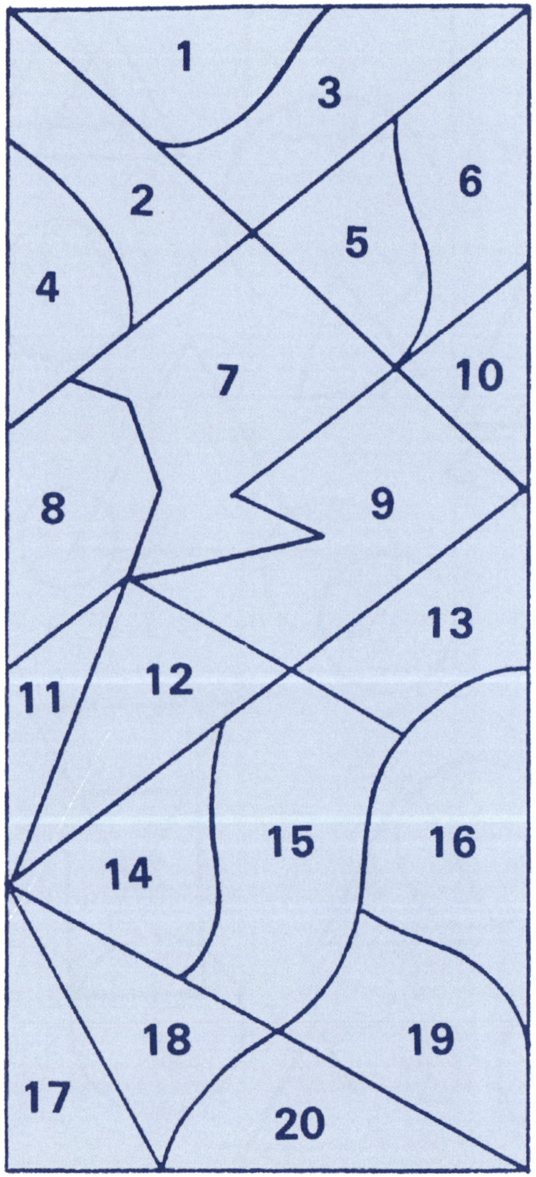

- Fíjate en el ejemplo, cómo el dibujo del cuadro 1 es la suma de los dos que hay ARRIBA y a la IZQUIERDA. Tiene puesta debajo una B, porque está bien. El cuadro 2 tiene puesta una M porque está mal, ese dibujo no es la suma del que está ARRIBA y a su IZQUIERDA.

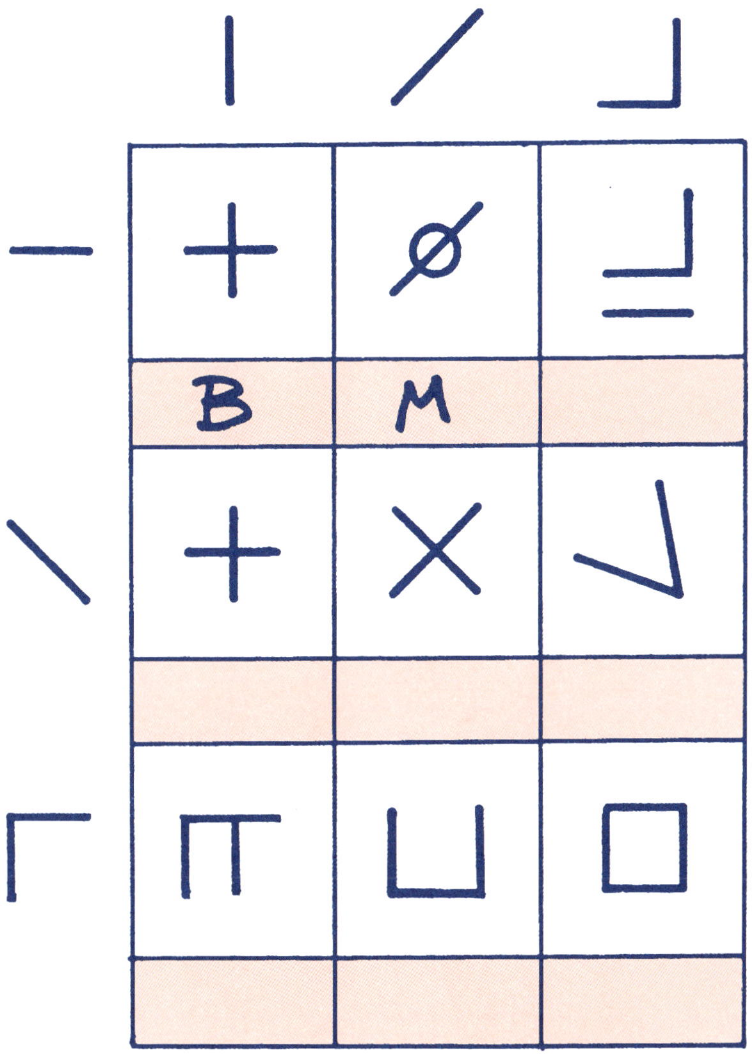

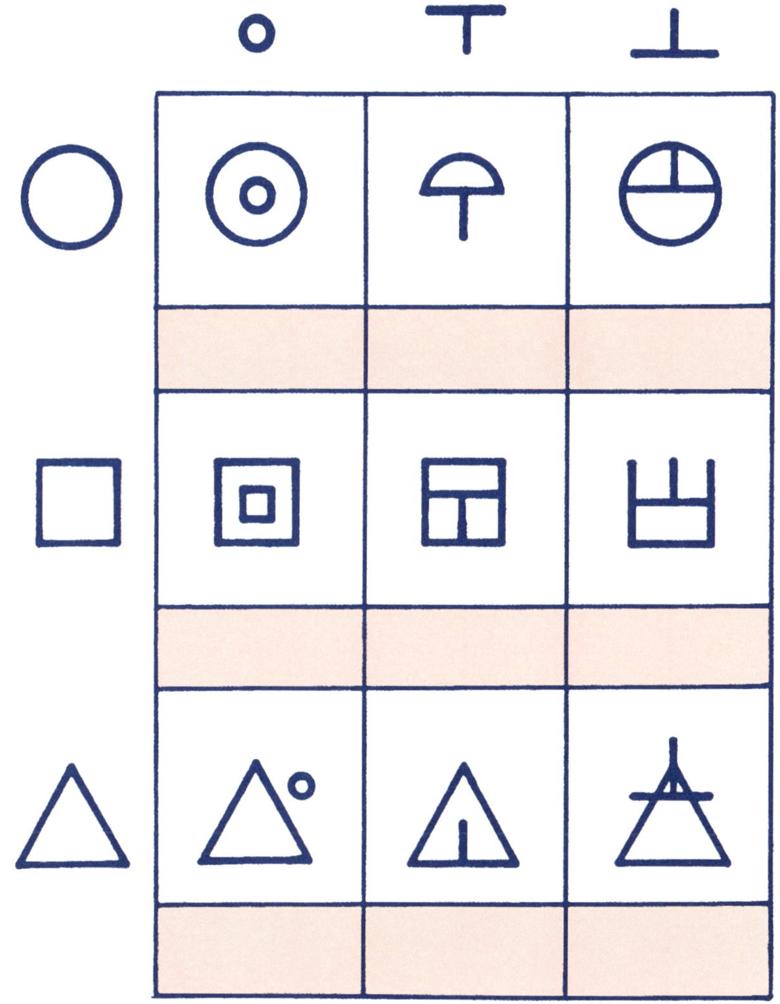

- Fíjate en el ejemplo, cómo el dibujo del cuadro 1 es la suma de los dos que hay ARRIBA y a la IZQUIERDA. Tiene puesta debajo una B, porque está bien. El cuadro 2 tiene puesta una M porque está mal, ese dibujo no es la suma del que está ARRIBA y a su IZQUIERDA.

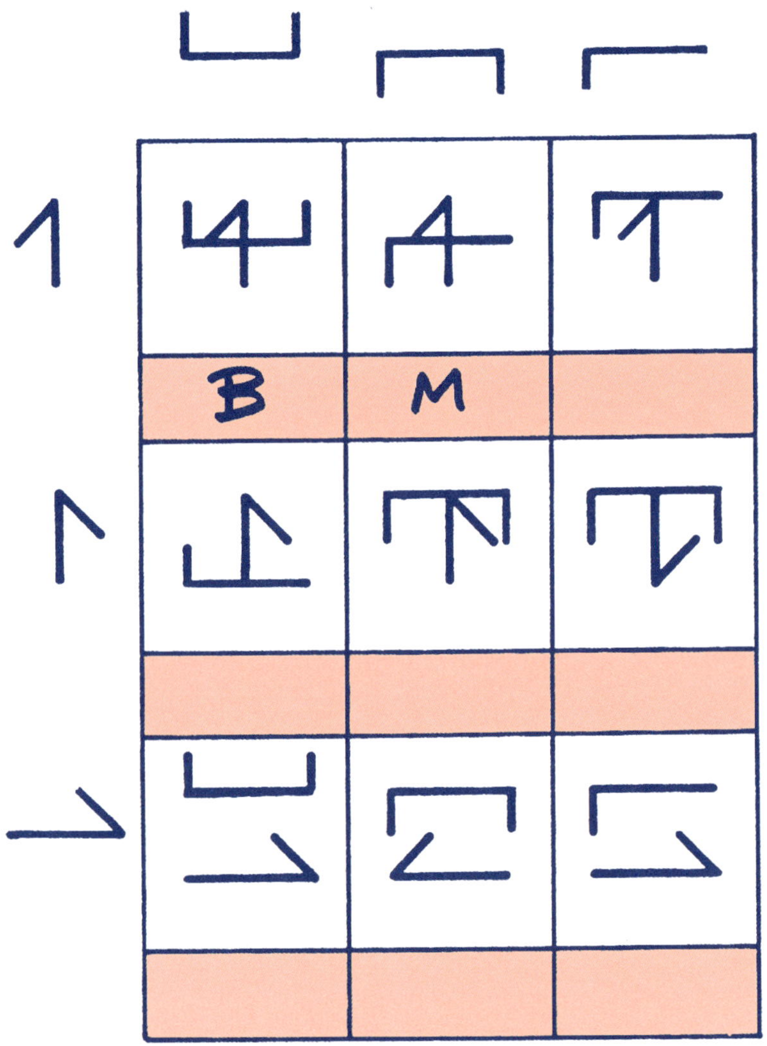

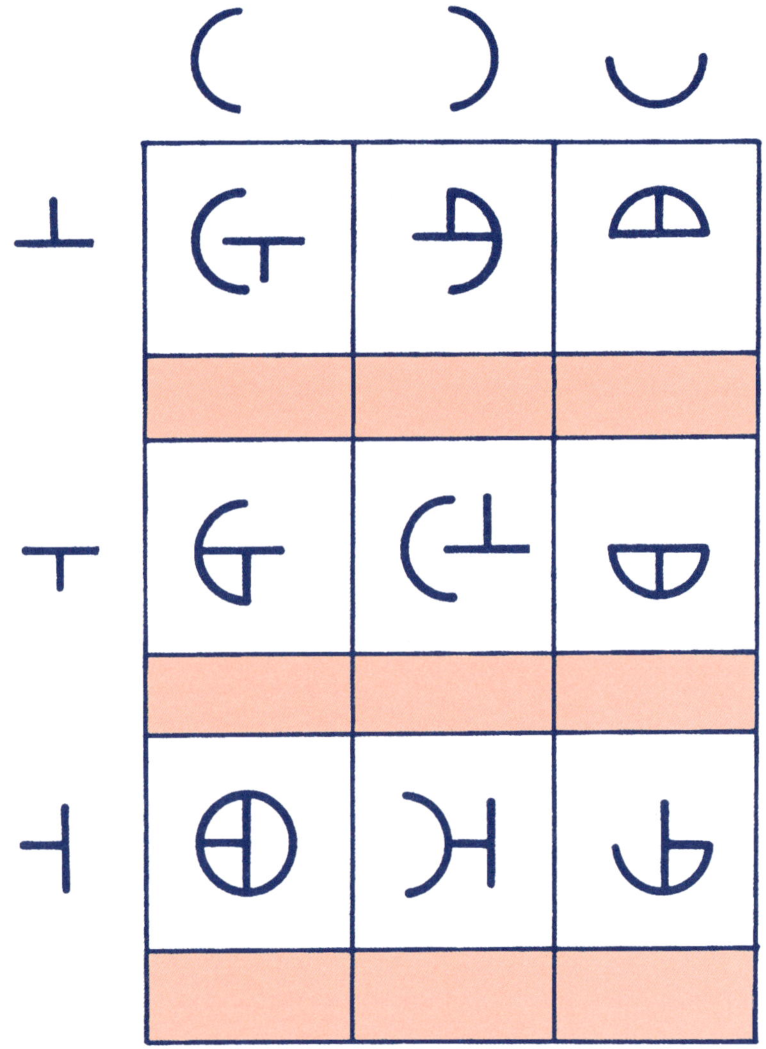

- En cada pareja de dibujos hay 3 diferencias. Complétalas en el dibujo en que falten.

- Al dibujo de la derecha le faltan 6 detalles. Búscalos y complétalos bien.

- **Tacha las letras que le sobran a esas palabras y escríbelas debajo correctamente.**

gargantanan	ccartel	blusasa
....	....	....
laplanta	tablaba	cordonel
....	....	....
doblarun	semamanal	pescacado
....	....	....
untrampolín	laladrón	imposisible
....	....	....

- **Escribe en qué se parecen y diferencian esas parejas de figuras (se parecen o diferencian por su forma - su color - su tamaño - su posición - su cantidad).**

Se parecen: ....

....

Se diferencian: ....

....

....

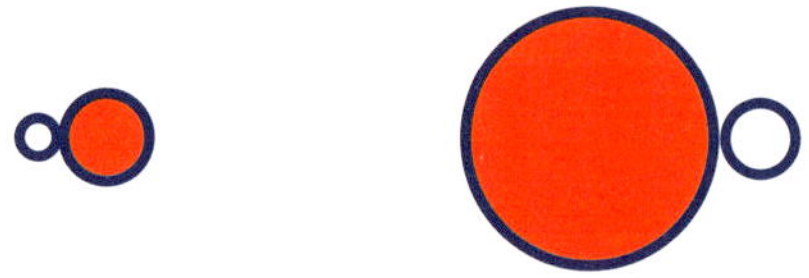

Se parecen: ....

....

Se diferencian: ....

....

....

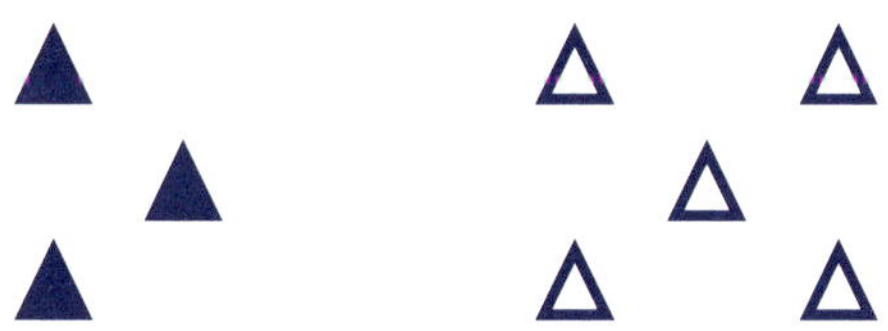

Se parecen: ....

....

Se diferencian: ....

....

....

Se parecen: ....

....

Se diferencian: ....

....

....

- Pon debajo de cada dibujo de esta página el mismo número que tiene en la primera fila donde pone MODELOS.
  - Modelos.

1 2 3 4 5

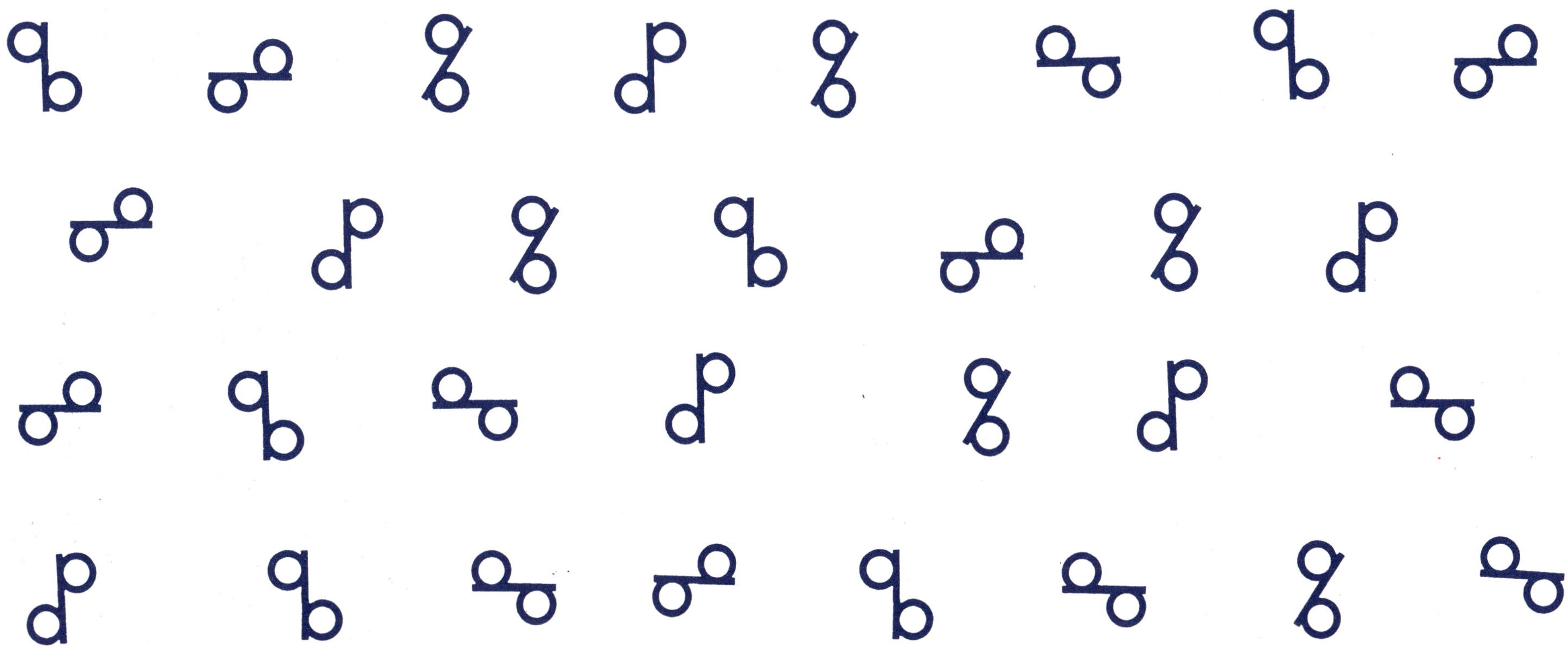

- En cada dibujo hay algo que está mal, que es imposible. Rodéalo con un círculo o táchalo.

● **Completa lo que falta a esos dibujos.**

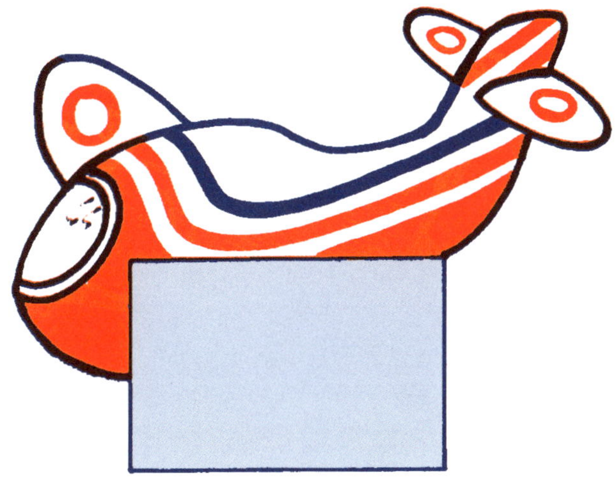

- **Lee despacio, pronunciando bien esas sílabas o palabras, y luego rodea con un círculo en cada fila las que sean iguales que la primera o cuando las encuentres en una palabra.**
  – Ejemplo

AL →	AL	AL	LA	PALMA	LAMPARA	OLA
LA →	AL	AM	LA	TELA	ALMA	ARMA
DAL →	ALD	DAL	LAD	LADO	HERALDO	PEDAL
PAL →	PAL	PLA	ALP	PLANO	PALCO	ALPES
LAR →	RAL	ALR	LAR	ALREDEDOR	PELAR	PERAL
NAL →	LAN	NAL	MAL	CRIMINAL	MALDAD	DELANTE

- **Cada dibujo tiene debajo una palabra que dice qué es. Es como si fueran los títulos de esos dibujos. Pero tres títulos están equivocados: rodéalos con un círculo, y pon debajo su verdadero nombre.**

PINO

MANZANO

PALMERA

ROSA

ABETO

MAIZ

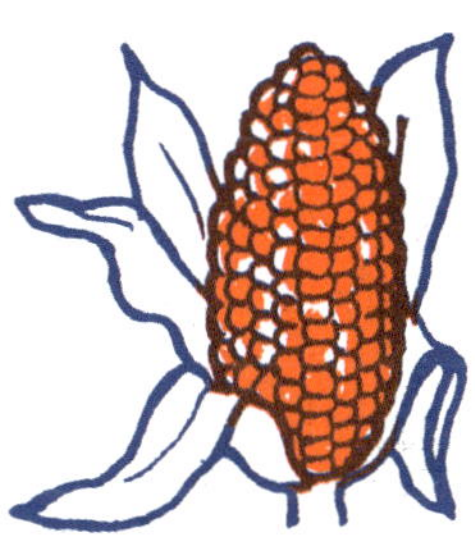

GIRASOL

TRIGO

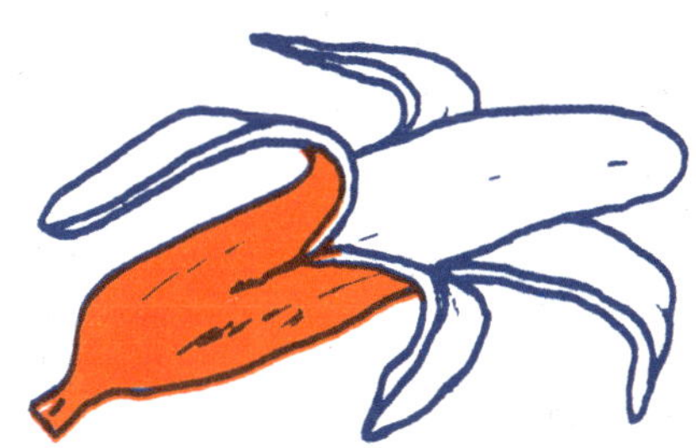

PLATANO

- Completa lo que les falta a esos dibujos, para que queden iguales que el primero.

- Siguiendo con la vista cada línea, lleva cada letra a su sitio. Procura no seguir la línea con el dedo ni el lápiz, pues se trata de ejercitar tu vista.
- ¿Por qué castigó el profesor a Carlos?

- **Completa lo que se pregunta en las líneas punteadas acerca de cada grupo de dibujos.**

Se parecen: ....

....

....

Se diferencian: ....

....

....

Se parecen: ....

....

....

Se diferencian: ....

....

....

- **A ver cómo sigues estos ritmos: cada golpe suave haces un circulito en la parte de abajo del rectángulo. A cada golpe fuerte, un circulito en la parte de arriba. Golpes seguidos, circulitos unidos.**
- **Fíjate cómo realizo los golpes de este ejemplo:**

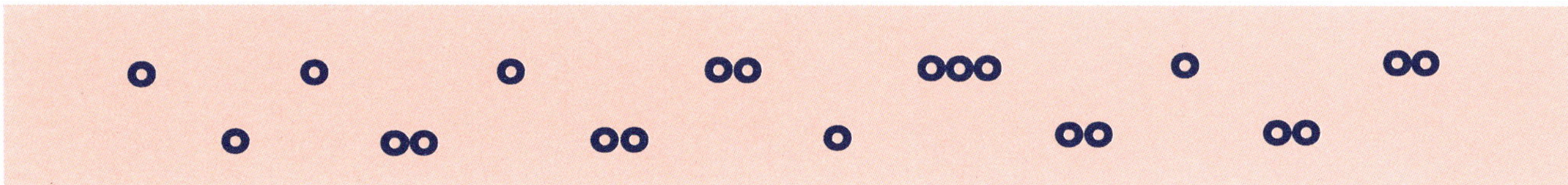

1

2

3

4

Estos ejercicios debe dictárselos otra persona que vaya haciendo diversas combinaciones de ritmos, según su criterio.

- Descubre y colorea los 6 gatos iguales.

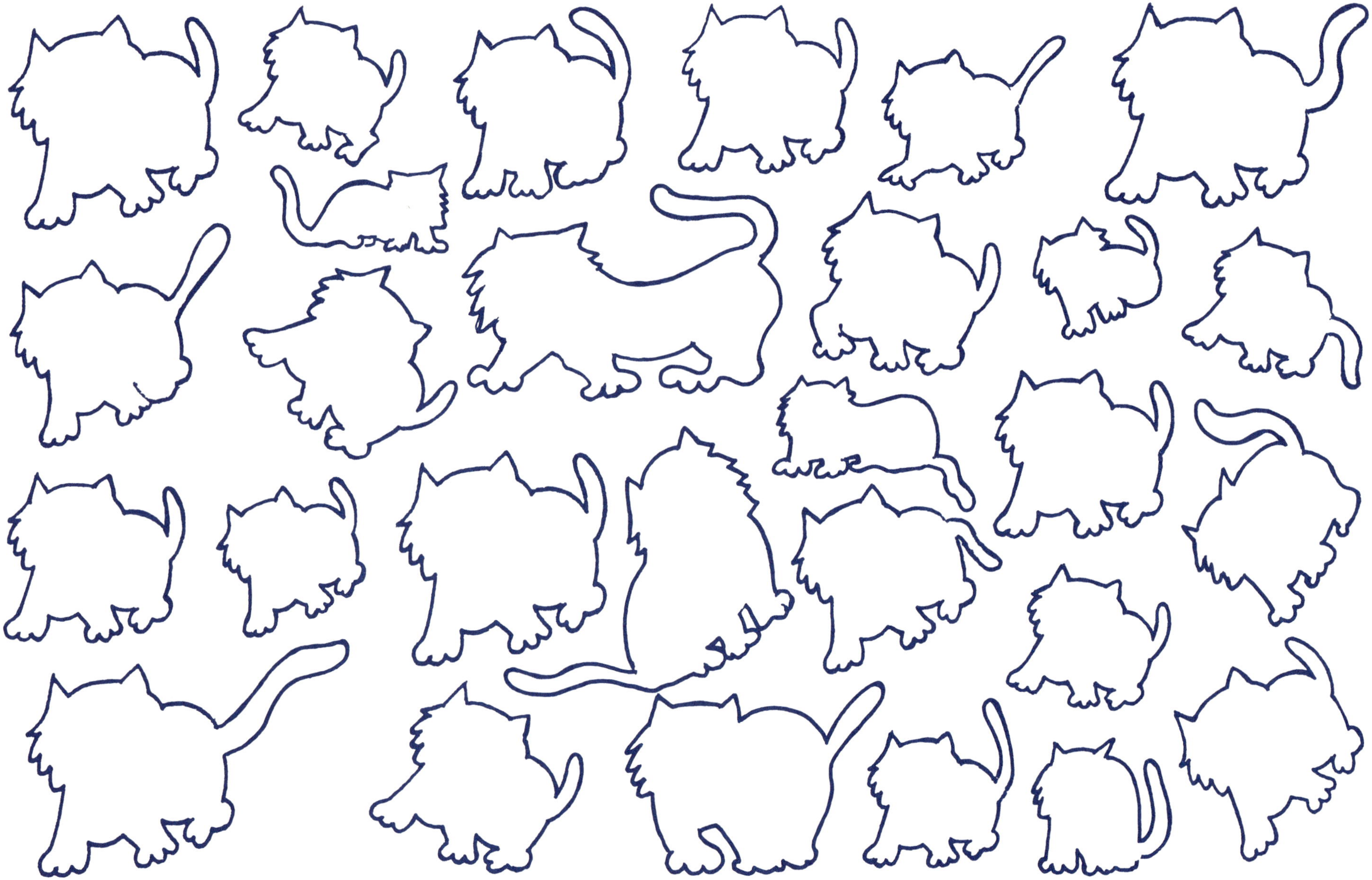

- **Pon puntos de manera que queden dentro de un triángulo y un cuadrado a la vez.**
  - Ejemplo

- **Tacha las letras que les sobran a esas palabras y escríbelas debajo correctamente.**

dicortina	perpermitir	escasado
....	....	....
elventana	claridadad	cangrejojo
....	....	....
glogolbo	lampapara	frigorirífico
....	....	....
esesclavo	pulpluma	salpipircar
....	....	....

- Busca entre los trozos sueltos cada uno de los que forman ese mosaico o figura primera. Pon a cada trozo el número que le corresponde.

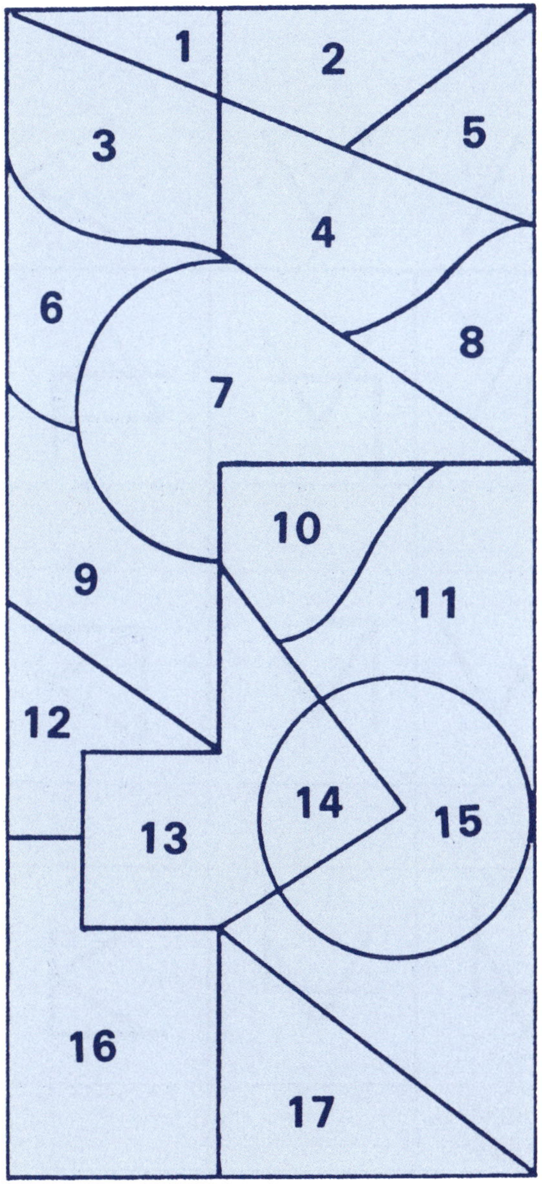

- Fíjate en el ejemplo, cómo el dibujo del cuadro 1 es la suma de los dos que hay ARRIBA y a la IZQUIERDA. Tiene puesta debajo una B, porque está bien. El cuadro 2 tiene puesta una M porque está mal, ese dibujo no es la suma del que está ARRIBA y a su IZQUIERDA.

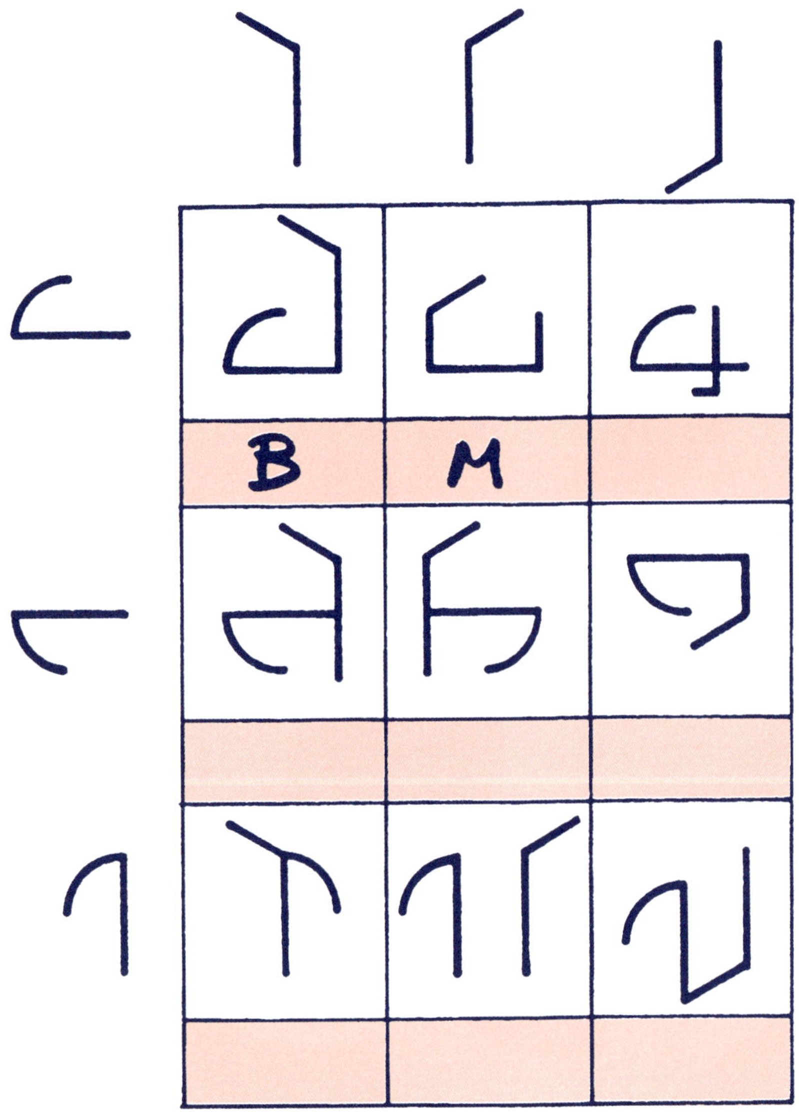

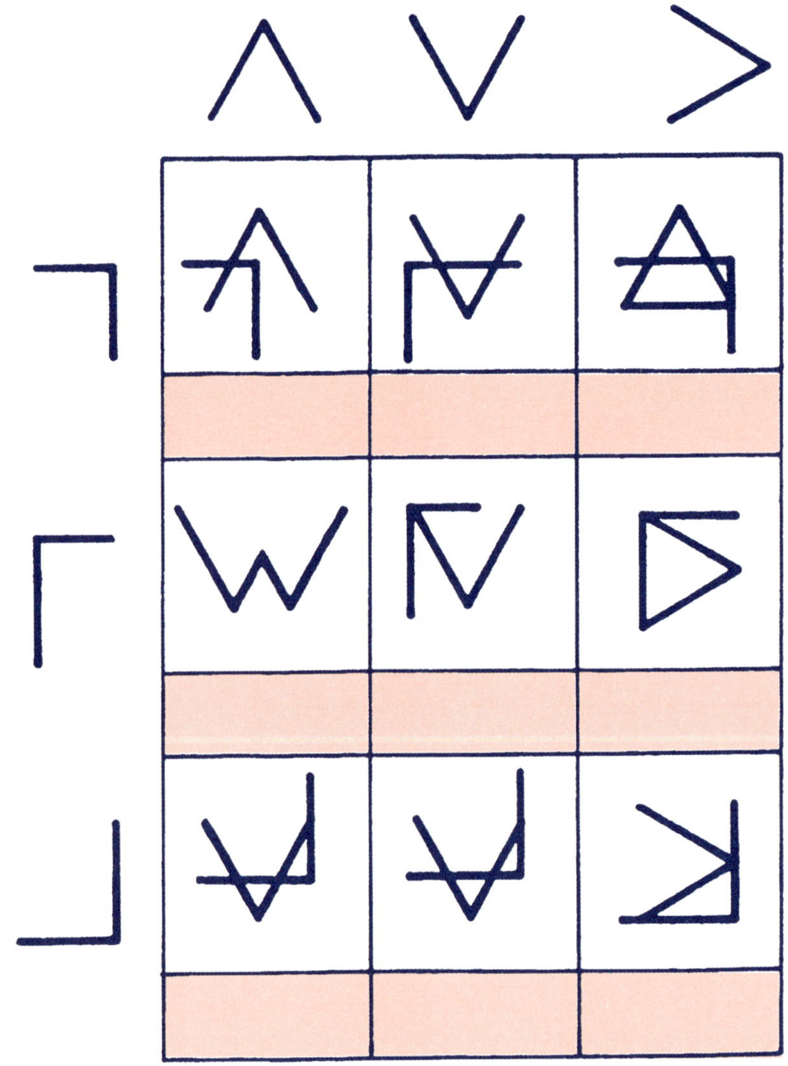

- Fíjate en el ejemplo, cómo el dibujo del cuadro 1 es la suma de los dos que hay ARRIBA y a la IZQUIERDA. Tiene puesta debajo una B, porque está bien. El cuadro 2 tiene puesta una M porque está mal, ese dibujo no es la suma del que está ARRIBA y a su IZQUIERDA.

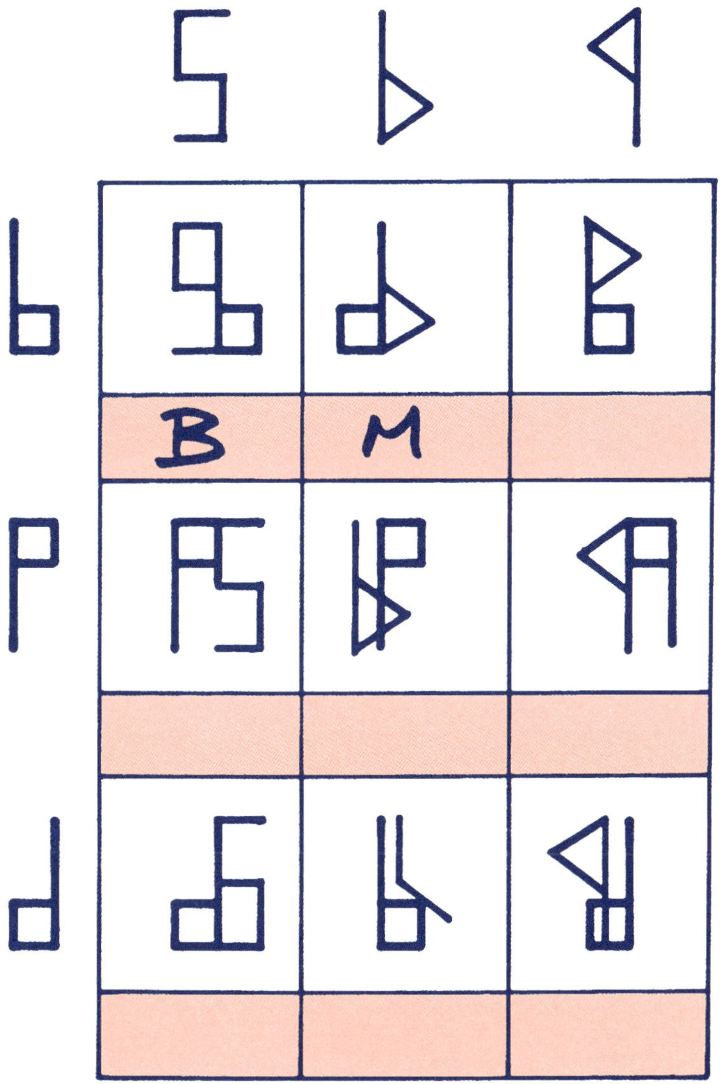

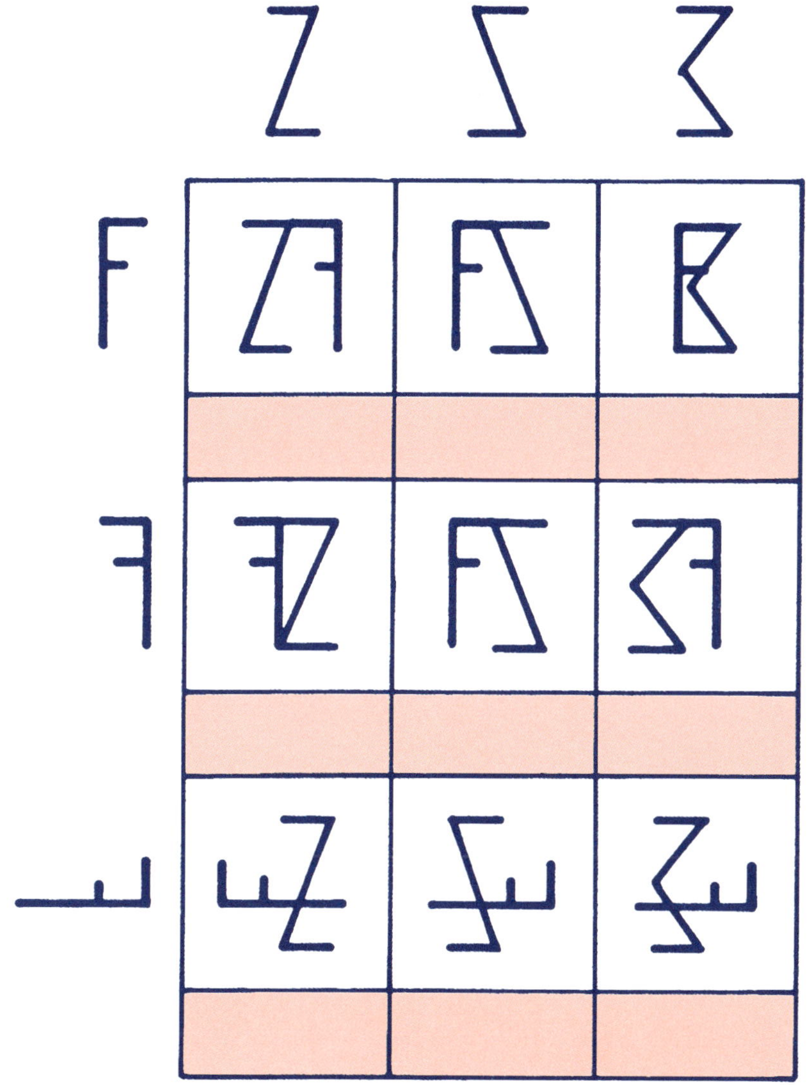

- **Pon debajo de cada dibujo de esta página el mismo número que tiene en la primera fila donde pone: MODELOS.**
  - Modelos

1	2	3	4	5	6

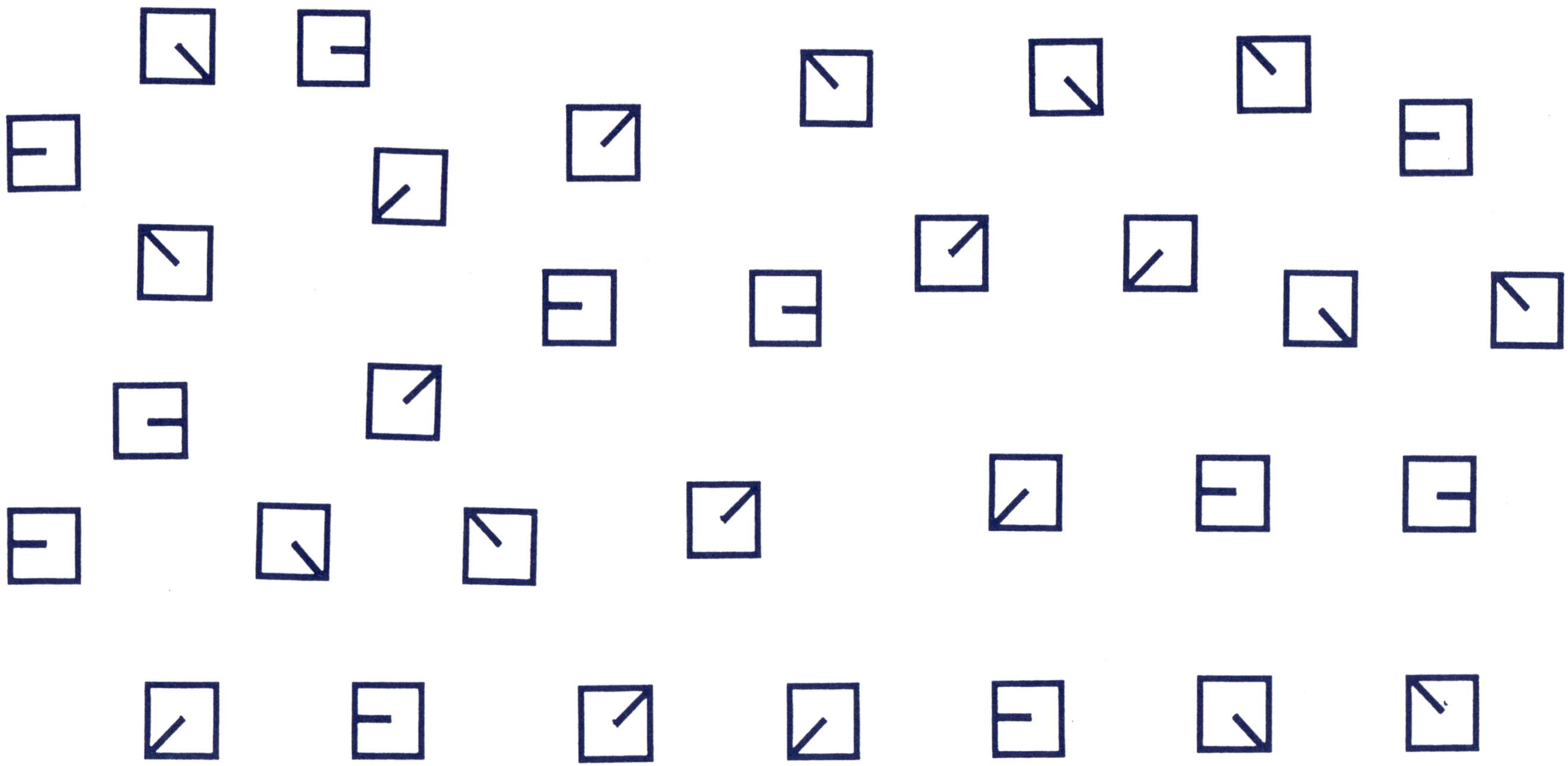

- Al dibujo de la derecha le faltan 6 detalles. Búscalos y complétalos bien.

- **Escribe en las líneas punteadas en qué se parecen esos dibujos, cómo les llamas y en qué se diferencian.**

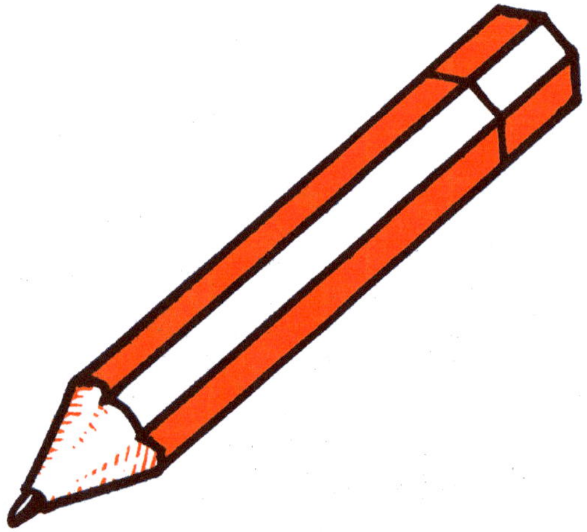

SE PARECEN: ....

....

....

POR ESO LES LLAMO: ....

SE DIFERENCIAN: **1.** — El **lápiz** es (o tiene) ....

El **bolígrafo** es (o tiene) ....

2. — El **lápiz** es (o tiene) ....

El **bolígrafo** es (o tiene) ....

3. — El **lápiz** es (o tiene) ....

El **bolígrafo** es (o tiene) ....

- En cada pareja de dibujos hay 3 diferencias. Complétalas en el dibujo en que falten.

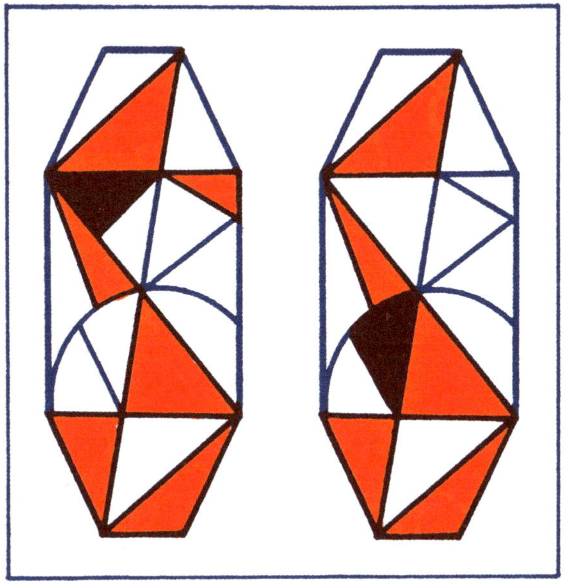
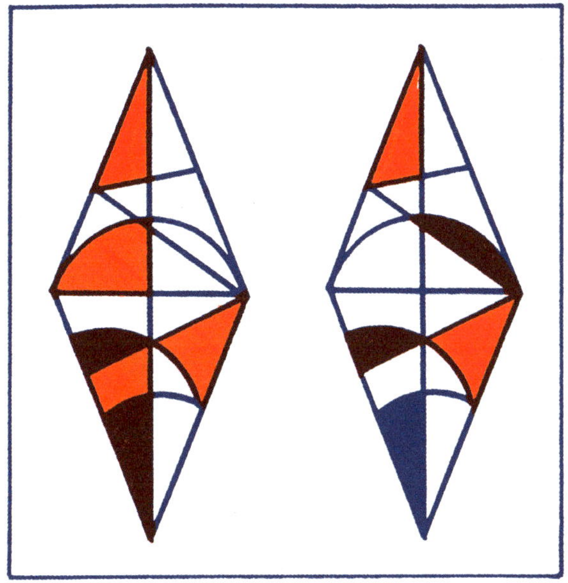
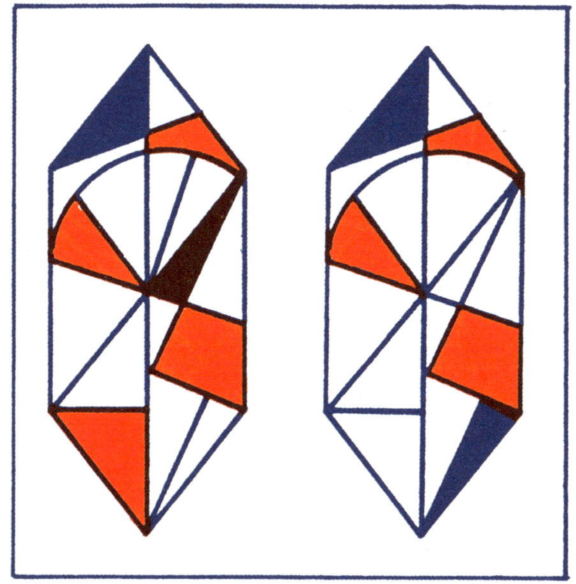

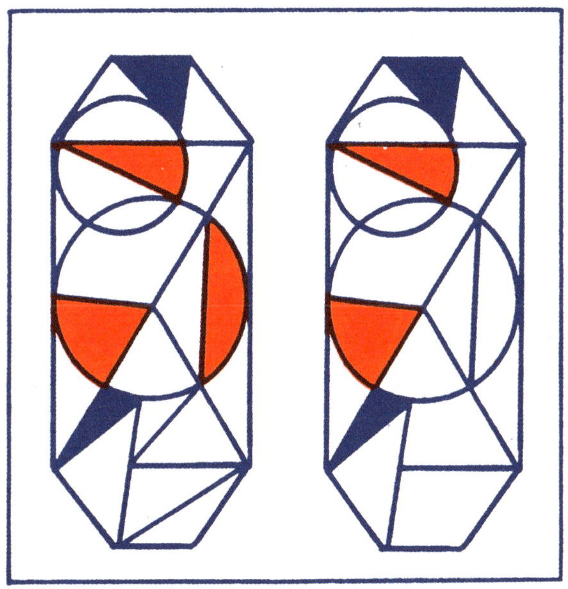

Completa lo que le falta a esos dibujos para ser iguales que el primero.

- **Cada dibujo tiene debajo una palabra que dice qué es. Es como si fueran los títulos de esos dibujos. Pero tres títulos están equivocados: rodéalos con un círculo y pon debajo su verdadero nombre.**

CISNE

AGUILA

AVESTRUZ

PATO

CUERVO

LECHUZA

PALOMA

GORRION

MURCIELAGO

- **Lee despacio, pronunciando bien esas sílabas o palabras, y luego rodea con un círculo en cada fila las sílabas que sean iguales que la primera o cuando las encuentres en una palabra.**
  - Ejemplo

blo	→	bol	blo	bob	bola	bobo	diablo
bol	→	bol	bob	blo	bloque	bolsa	globo
bor	→	bro	orb	bor	borde	órbita	broma
bro	→	bro	bor	rob	brocha	robar	bordear
fre	→	fre	fer	ref	feria	reforma	frecuente
fer	→	fre	ref	fer	enfermo	fresa	refugio

- A ver cómo sigues estos ritmos: a cada golpe suave haces un circulito en la parte de abajo del rectángulo. A cada golpe fuerte, un circulito en la parte de arriba. Golpes seguidos, circulitos unidos.

- Fíjate cómo realizo los golpes para este ejemplo:

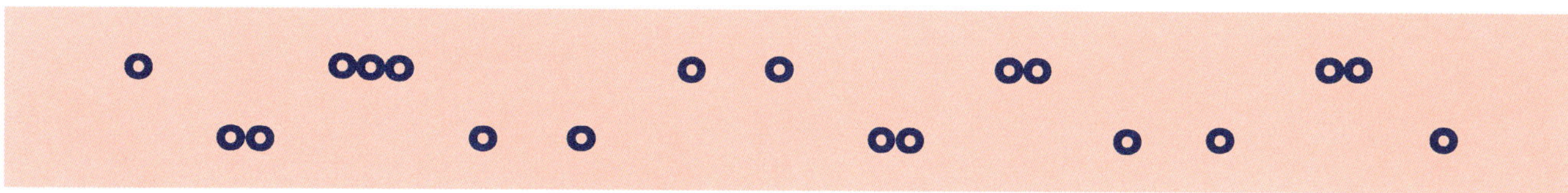

1

2

3

4

* Estos ejercicios debe dictárselos otra persona que vaya haciendo diversas combinaciones de ritmos, según su criterio.

- En cada dibujo hay algo que está mal, que es imposible. Rodéalo con un círculo o táchalo.

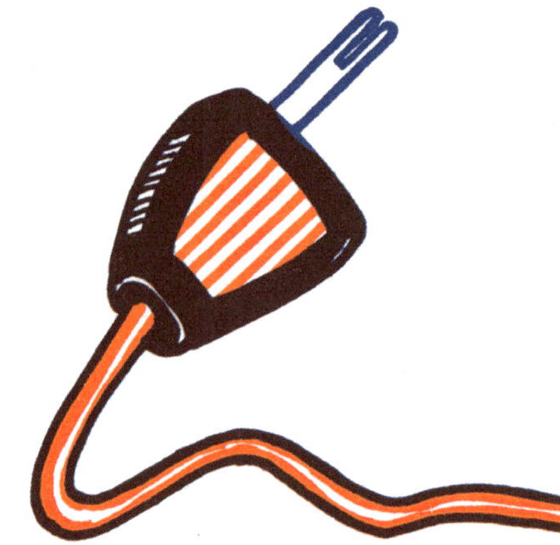

- Siguiendo con la vista cada línea, lleva cada letra a su sitio. Procura no seguir la línea con el dedo ni el lápiz, pues se trata de ejercitar tu vista.
- ¿Dónde olvidó Elena sus libros?

- Descubre y colorea los 6 zapatos iguales.

- **Tacha las letras que les sobran a esas palabras y escríbelas debajo correctamente.**

sicable	silenciomi	exsaliente
....	....	....
entrozo	palmemera	colclogar
....	....	....
cascalcabel	sarténel	frefercuente
....	....	....
gordindirflón	aanterior	charoco
....	....	....

● **Escribe en las líneas punteadas en qué se parecen esos dibujos, cómo les llamas y en qué se diferencian.**

SE PARECEN: ....

....

....

POR ESO LES LLAMO: ....

SE DIFERENCIAN: **1.** — El **coche** es (o tiene) ....

El **autobús** es (o tiene) ....

2. — El **coche** es (o tiene) ....

El **autobús** es (o tiene) ....

3. — El **coche** es (o tiene) ....

El **autobús** es (o tiene) ....

- **Pon puntos de manera que queden dentro de 2 triángulos diferentes a la vez.**
  - Ejemplo

- **Lee despacio, pronunciando bien esas sílabas o palabras, y luego rodea con un círculo en cada fila las que sean iguales que la primera o cuando las encuentres en una palabra.**

fra	⟶	fra	far	raf	farmacia	frase	ráfaga
far	⟶	fra	far	raf	fardo	cifra	afael
pre	⟶	per	rep	pre	permiso	repente	preso
per	⟶	pre	per	rep	persona	apretar	reptil
cla	⟶	cla	cal	lac	laca	calcar	clase
cal	⟶	cla	lac	cal	claro	calma	placa

- Busca entre los trozos sueltos cada uno de los que forman ese mosaico o figura primera. Pon a cada trozo el número que le corresponde.

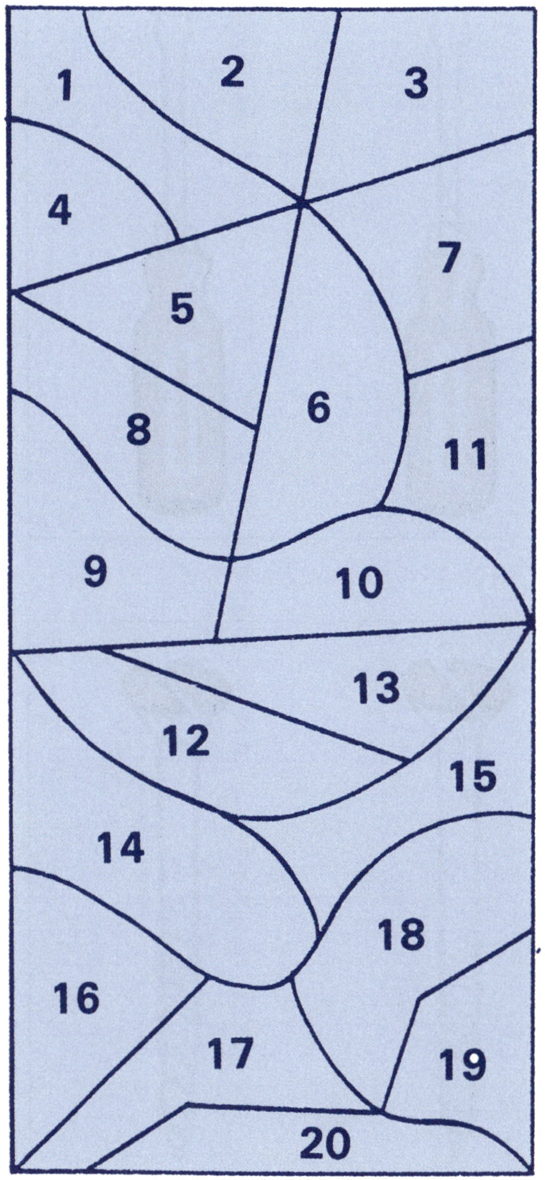

- **En cada pareja de dibujos hay 3 diferencias. Complétalas en el dibujo en que falten.**

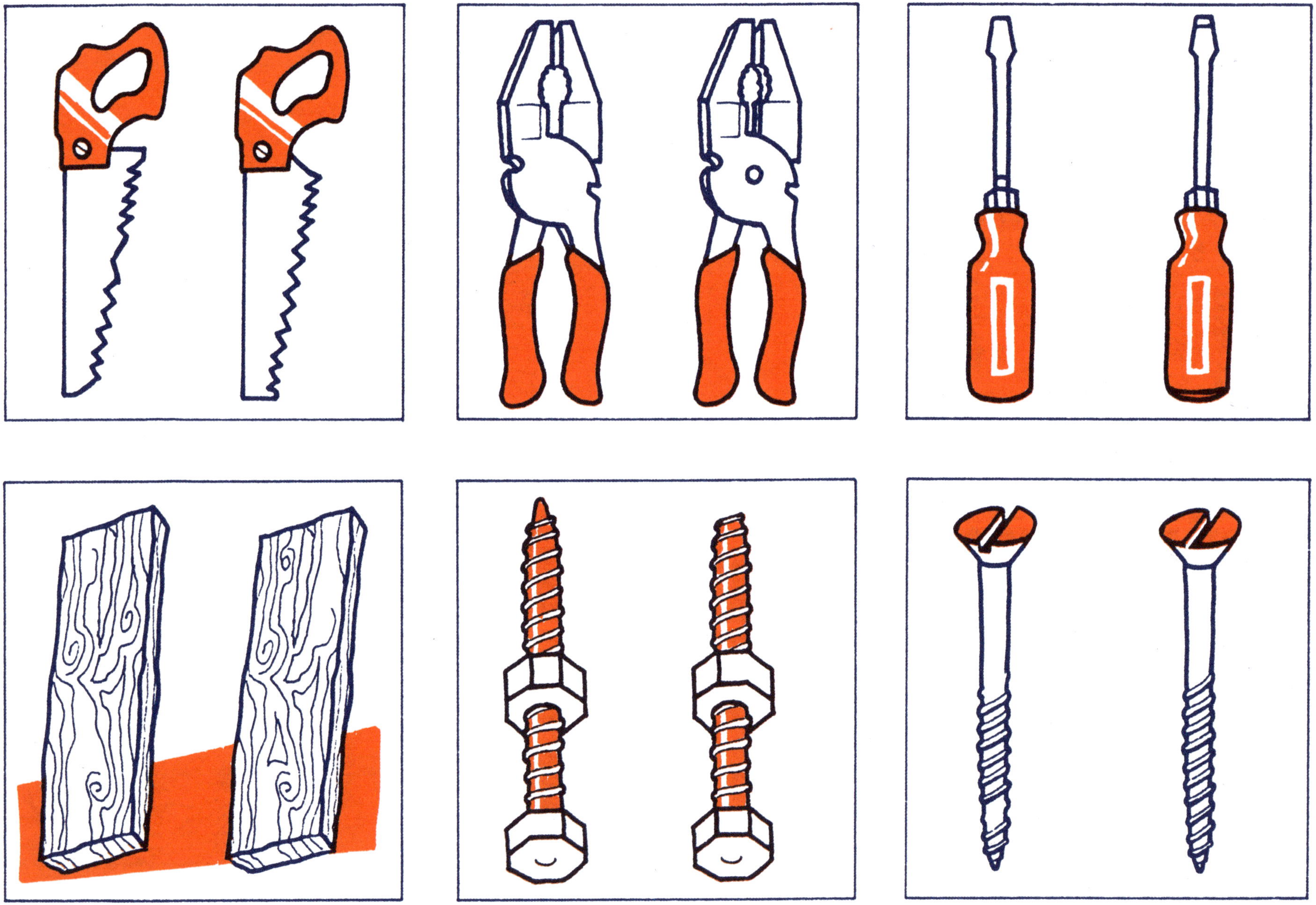

- Al dibujo de la derecha le faltan 6 detalles. Búscalos y complétalos bien.

- **A ver cómo sigues estos ritmos: a cada golpe haces un circulito. Un golpe, un circulito. Dos o tres goles seguidos, dos o tres circulitos juntos.**
- **Fíjate cómo realizo los golpes para este ejemplo:**

o o ooo oo oo o ooo o o oo o

1

2

3

4

5

6

7

* Estos ejercicios debe dictártelos otra persona que vaya haciendo diversas combinaciones de ritmos, según su criterio.

- Siguiendo con la vista cada línea, lleva cada letra a su sitio. Procura no seguir la línea con el dedo ni el lápiz, pues se trata de ejercitar tu vista.
- ¿Cuántas bolas ganó Luis?

● **Lee despacio, pronunciando bien esas sílabas o palabras, y luego rodea con un círculo en cada fila las que sean iguales que la primera o cuando las encuentres en una palabra.**

da	→	da	ab	ab	espada	dama	da	ad	
ba	→	ab	ba	ad	abajo	ba	ab	da	ap
pa	→	pa	ap	ab	pa	lupa	pa	ap	pala
ad	→	ab	da	ad	mitad	adjetivo	da	ad	
ac	→	ca	ac	av	acto	ac	as	tacto	
ca	→	ac	av	ca	cacatúa	ataca	ac	ca	

- En cada dibujo hay algo que está mal, que es imposible. Rodéalo con un círculo o táchalo.

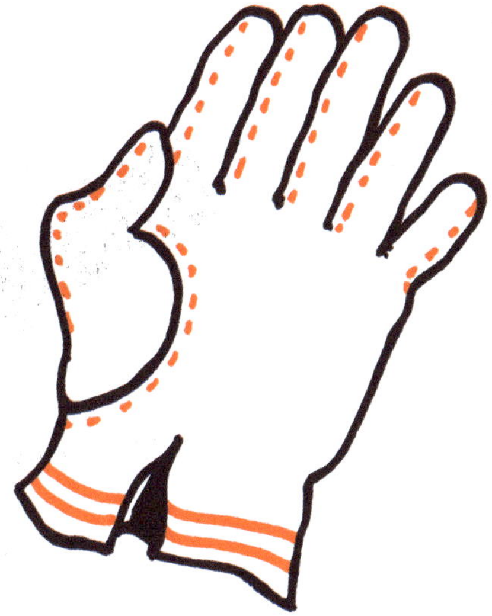

- **Escribe en las líneas punteadas en qué se parecen esos dibujos, cómo les llamas y en qué se diferencian.**

SE PARECEN: ....

....

....

POR ESO LES LLAMO: ....

SE DIFERENCIAN: **1.** — El **águila** es (o tiene) ....

El **gorrión** es (o tiene) ....

2. — El **águila** es (o tiene) ....

El **gorrión** es (o tiene) ....

3. — El **águila** es (o tiene) ....

El **gorrión** es (o tiene) ....

- Descubre y colorea los 6 peces iguales.

- **Pon puntos de manera que queden dentro de un círculo y un cuadrado a la vez.**
  - Ejemplo

- **Tacha las letras que les sobren a esas palabras y escríbelas debajo correctamente, con letra cuidada.**
  - Ejemplo

~~el~~árbol	laclase	unapluma
árbol		
aiglesia	clavartae	seagradable
miabuelo	supremio	estamable
aquetrago	tutrenza	ysalto

- **Lee despacio, pronunciando bien esas sílabas o palabras, y luego rodea con un círculo en cada fila las que sean iguales.**

ple	→	epe	ape	ple	cumpleaños	múltiple	ple	pleno
abal	→	aba	tocaba	bar	iba	abanico	bea	cabalga
ada	→	dar	ada	soleada	cada	eda	ada	salada
apa	→	capa	par	apa	mapa	epa	par	lapadera
ebe	→	ber	ebe	deber	ble	abe	ebe	iba
ede	→	dre	ade	ede	puede	eda	ede	der

- **En cada pareja de dibujos hay 3 diferencias. Complétalas en el dibujo en que falten.**

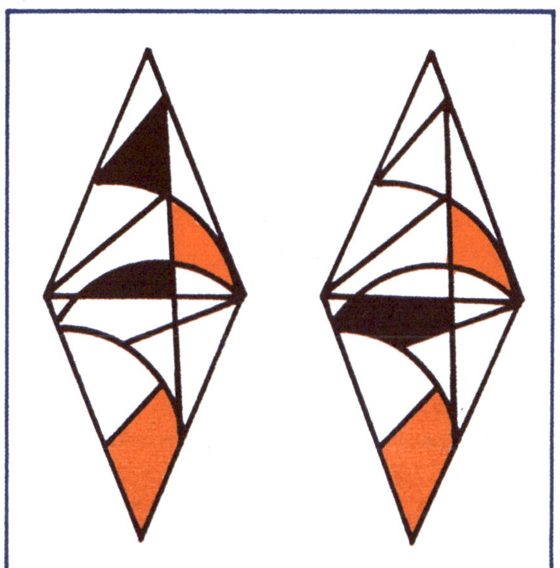
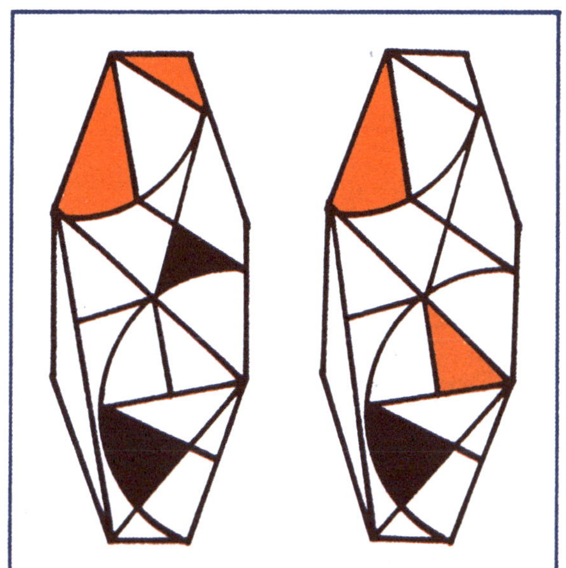
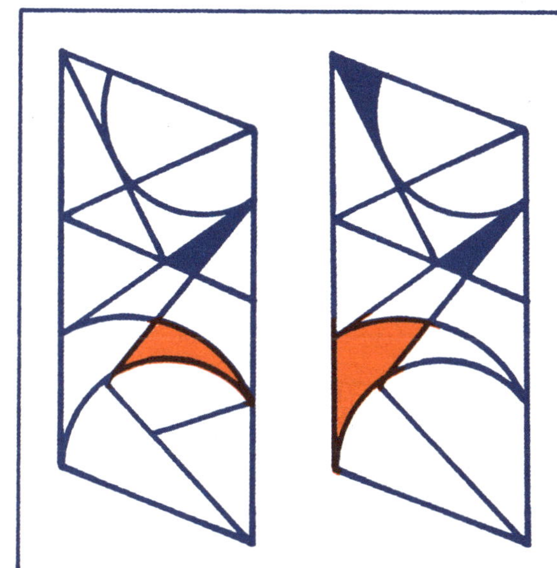

- **Al dibujo de la derecha le faltan 6 detalles. Búscalos y complétalos bien.**

- **A ver cómo sigues estos ritmos: a cada golpe haces una línea. Dos o tres golpes seguidos, dos o tres líneas formando un ángulo o un triángulo.**
- **Fíjate cómo realizo los golpes para este ejemplo:**

/ / ∠ △ △ ∠ ∠ / / △

1

2

3

4

5

6

* Estos ejercicios debe dictárselos otra persona que vaya haciendo diversas combinaciones de ritmos, según su criterio.

- Siguiendo con la vista cada línea, lleva cada letra a su sitio. Procura no seguir la línea con el dedo ni el lápiz, pues se trata de ejercitar tu vista.
- ¿Cuántos gatitos tuvo la gata?

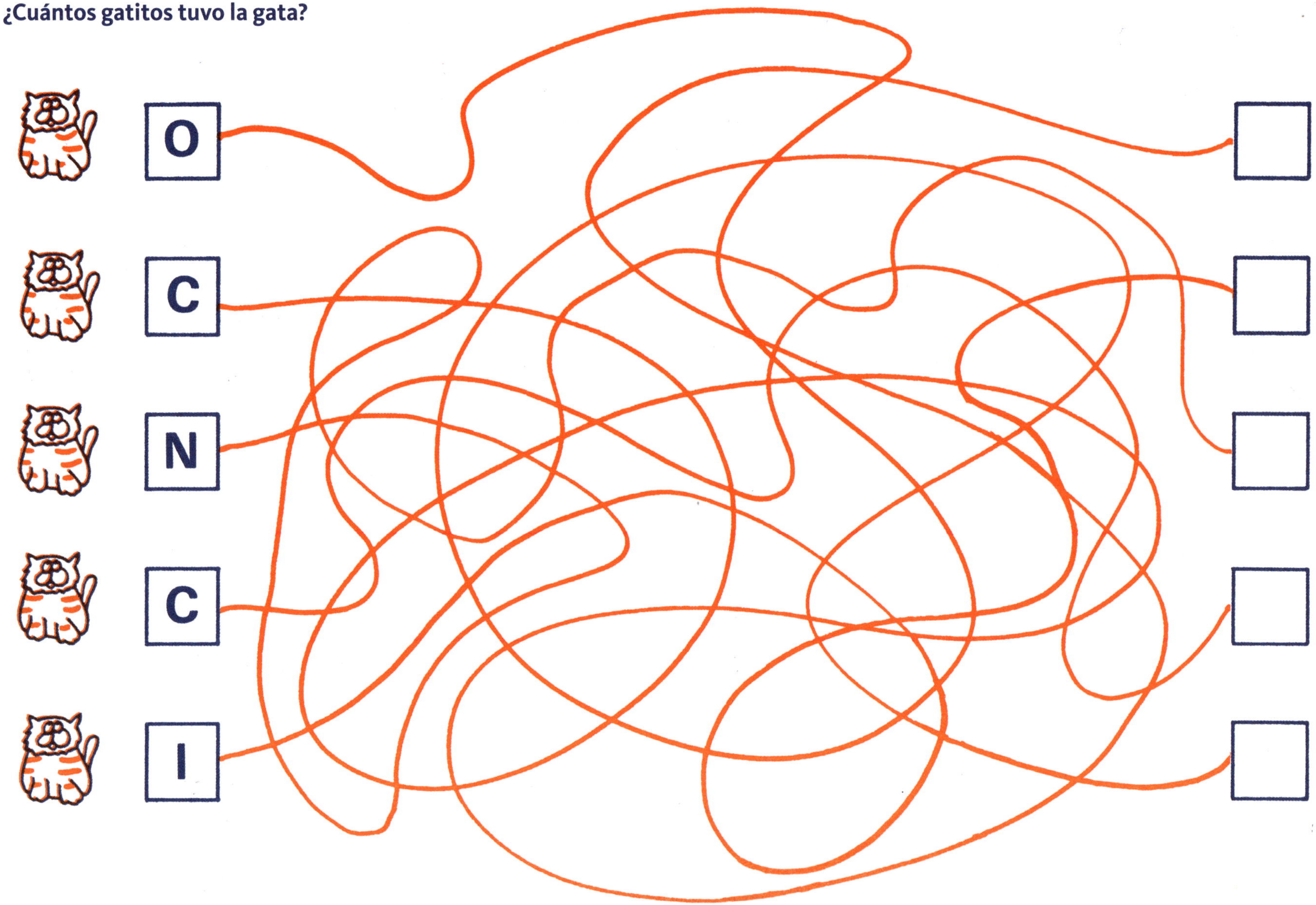

- Completa lo que les falta a esos dibujos.

- **Lee despacio, pronunciando bien esas sílabas o palabras, y luego rodea con un círculo en cada fila las que sean iguales que la primera o cuando las encuentres en una sílaba.**

cli	⟶	clima	cil	lic	cli	inclinarse	cli	cil
cil	⟶	cli	cil	fácil	silencio	cli	cil	
cir	⟶	cri	cir	rci	circo	esparcir	cir	cri
cra	⟶	cir	cri	criminal	cli	cri	decir	
am	⟶	am	ma	lámpara	am	malo	tampoco	
ma	⟶	semana	am	trampa	na	ma	mapa	

- Descubre y colorea los 6 barcos iguales.

- **Pon puntos de manera que queden dentro de un círculo y un rombo a la vez.**
  - Ejemplo

- Busca entre los trozos sueltos cada uno de los que forman ese mosaico o figura primera. Pon a cada trozo el número que le corresponde.

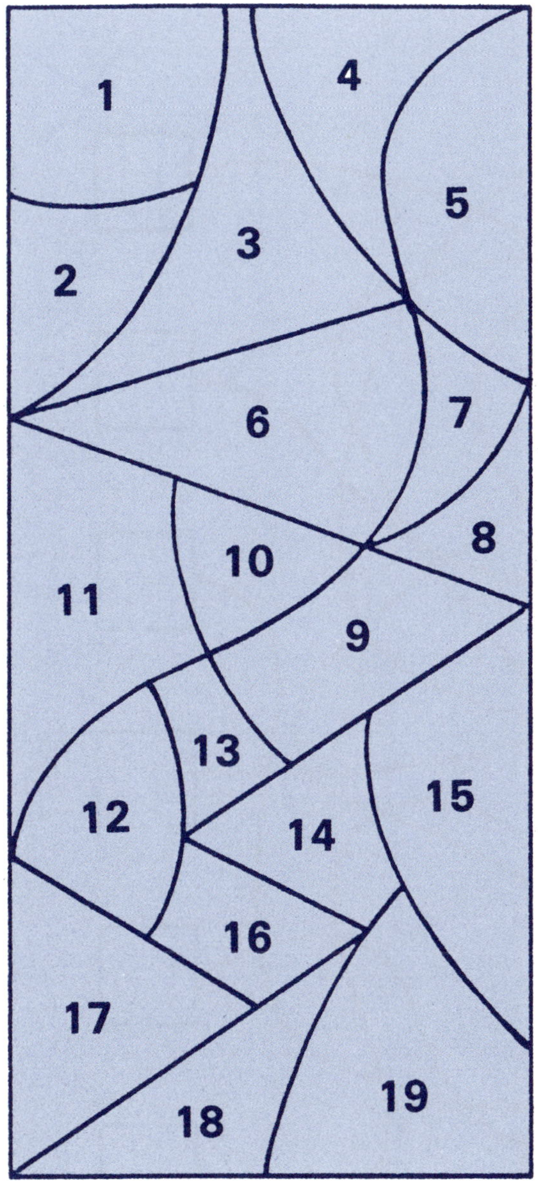

- Siguiendo con la vista cada línea, lleva cada letra a su sitio. Procura no seguir la línea con el dedo ni el lápiz, pues se trata de ejercitar tu vista.
- ¿Cómo se llama el grito de los leones?

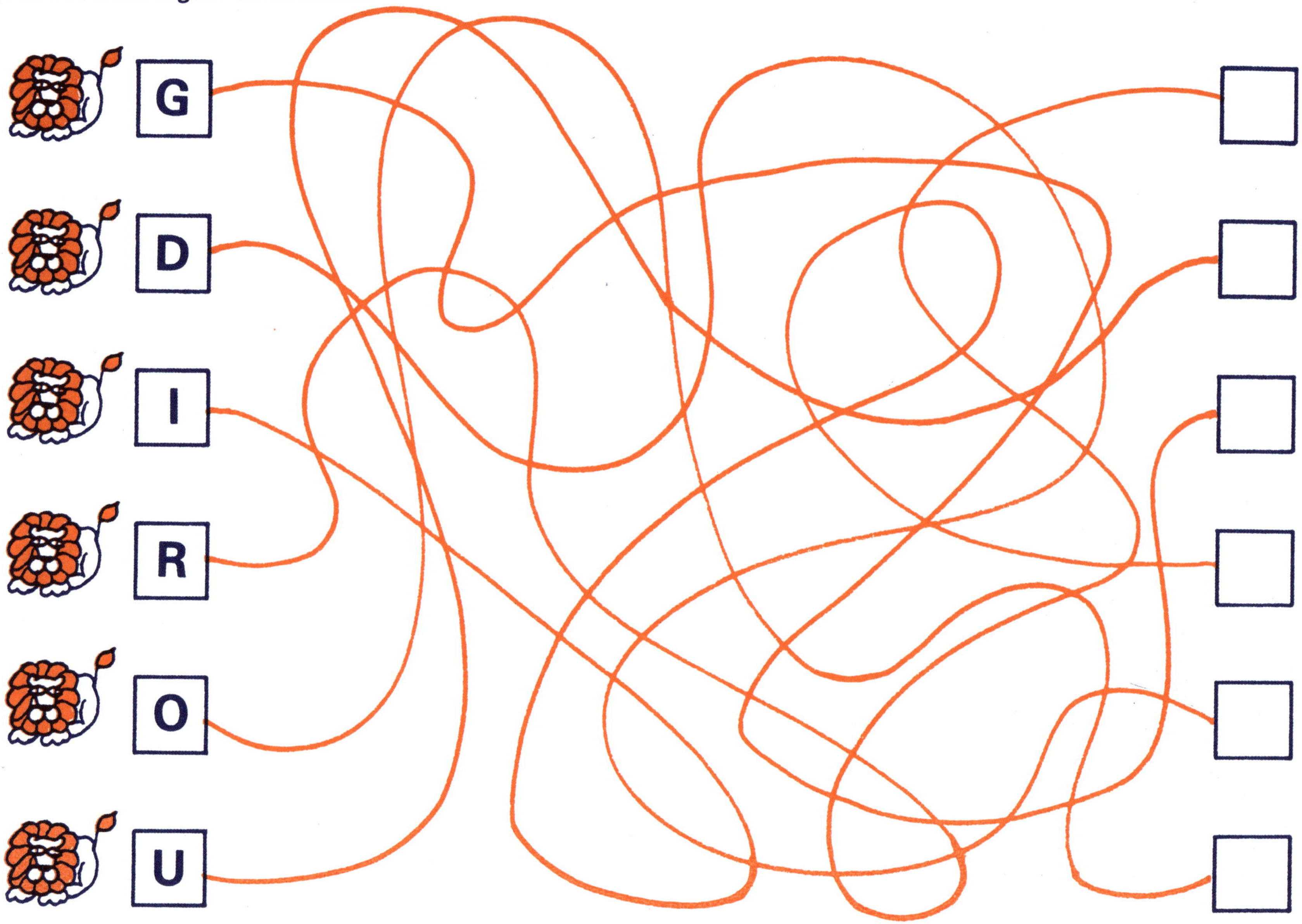

- **Lee despacio, pronunciando bien esas sílabas o palabras, y luego rodea con un círculo en cada fila las que sean iguales que la primera o cuando las encuentres en una sílaba.**

dro	⟶	dor	dro	ado	cuadro	dormir	dor	dro	dlo
dor	⟶	pescador	dro	dor	dlo	taladro	comedor	dro	
uno	⟶	uno	onu	gatuno	eno	uno	cuna	ninguno	
num	⟶	nur	unn	nunca	lanudo	num	nur		
nim	⟶	mimbre	nm	nir	ningún	sanito	nun	nin	
dol	⟶	dlo	dol	lod	dolor	lodo	dol	lod	

- **A ver cómo sigues estos ritmos: a cada golpe haces una línea. Dos, tres o cuatro golpes seguidos, dos, tres o cuatro líneas.**
- **Fíjate cómo realizo los golpes para este ejemplo:**

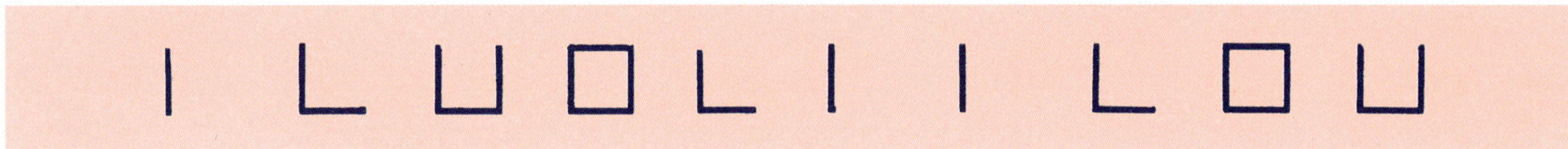

1 ....

2 ....

3 ....

4 ....

5 ....

6 ....

7 ....

* Estos ejercicios debe dictárselos otra persona, que vaya haciendo diversas combinaciones de ritmos, según su criterio.

- **Descubre y colorea las 6 flores iguales.**

- **Pon puntos de manera que queden dentro de un triángulo y un rectángulo a la vez.**
  - Ejemplo

- **Busca entre los trozos sueltos cada uno de los que forman ese mosaico o figura primera. Pon a cada trozo el número que le corresponde.**

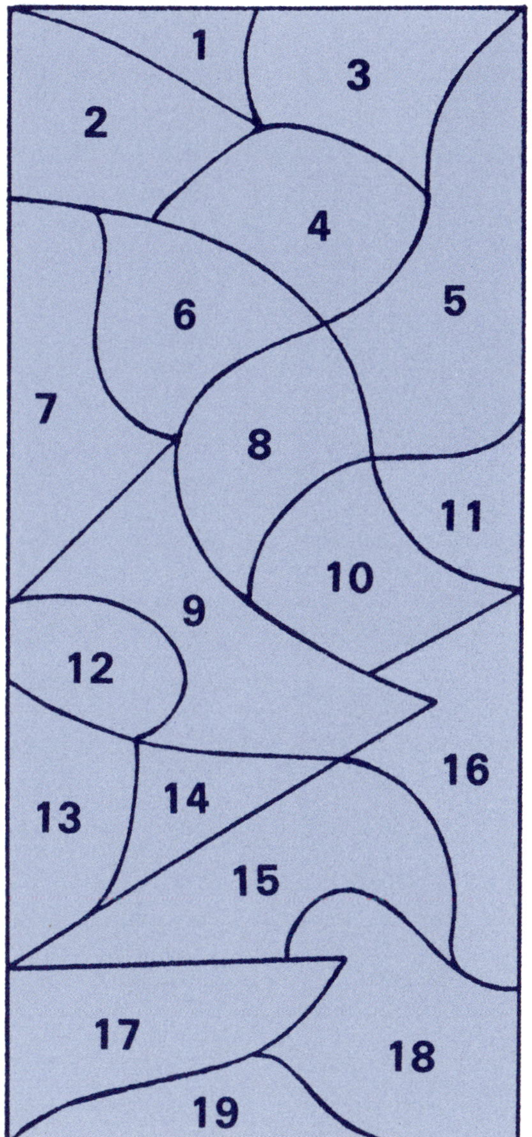

● **Según el número de bonos que vas consiguiendo, vete rellenando del color que más te guste las partes del dibujo que tú prefieras cada vez. Cada bono coloreas UN RECTÁNGULO.**

Anota aquí los bonos que vas consiguiendo	
pág. 15	**pág. 65**
pág. 25	**pág. 75**
pág. 35	**pág. 85**
pág. 45	**pág. 93**
pág. 55	

CUANDO HAYAS TERMINADO DE RELLENAR EL DIBUJO: **¡ENHORABUENA!**
ERES BUEN OBSERVADOR